Deutschbuch

Gymnasium

Arbeitsheft
Lösungen

W0240308

5

Cornelsen

Erzählen

Seite 5

2 a **Wer sind die Hauptfiguren?** Ich-Erzähler (= Lea), Max, Luna
Wo spielt die Handlung? in den Straßen der Neubausiedlung
Wann spielt die Handlung? nach der Schule, am Nachmittag
b Die Textstelle macht neugierig, weil sie ein unerwartetes Ereignis ankündigt. Die Leser möchten erfahren, warum dieser Nachmittag für Lea anders verläuft als erwartet.

3 a + b **treffende Verben:** zischte, tollten (▸ Z. 5), sauste (▸ Z. 10)
anschauliche Adjektive: klägliches, finsteren (▸ Z. 16), fieberhaft (▸ Z. 17)
Gedanken und Gefühle: Was, wenn Luna für immer weg war?
wörtliche Rede: „Pst! Ich höre etwas!“
Spannungsmelder: plötzlich, blitzartig (▸ Z. 9)

4 Die Überschrift könnte z. B. lauten: *Wo ist Luna?* oder: *Ein schrecklicher Fehler*

5 Schon während ich die Tür öffnete, lief Luna auf mich zu. Sie sprang an mir hoch und wartete darauf, dass ich ihr das Fell kraulte. Zuerst bekam sie aber ihr kleines Leckerli.

Seite 6

1 Das könntest du überlegt haben:
Ein Junge sitzt alleine im Zug, während seine Mutter mit Getränken im Arm auf dem Bahngleis steht. Sowohl der Junge als auch die Mutter sehen überrascht und verzweifelt aus. Wahrscheinlich wird die Mutter die Abfahrt des Zuges verpasst haben.

2

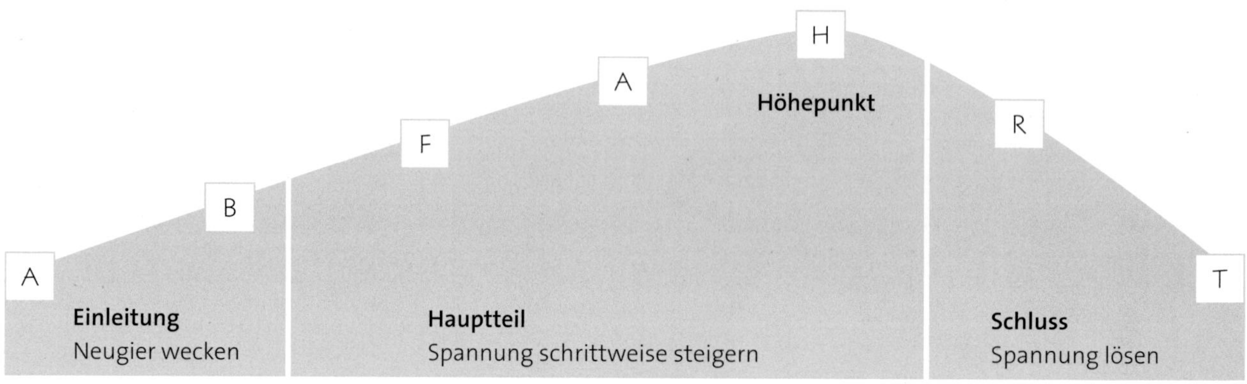

Seite 7

3 a Beide Einleitungen beantworten alle drei W-Fragen.
b **Einleitung A** fesselt die Leser, indem sie mit der Formulierung „Noch waren wir bester Laune“ ein unerwartetes Ereignis ankündigt und zudem mit wörtlicher Rede beginnt.
Einleitung B ist spannend, weil im letzten Satz ein „Albtraum“, also ein unerwartetes und erschreckendes Ereignis, angekündigt wird.

4 So könnte deine Einleitung lauten:

„Ich bin ganz schön aufgeregt", gestand **ich** meiner Mutter, die verträumt aus dem Zugfenster schaute. „Ach", **beruhigte** sie mich, „wir kommen sicher pünktlich und Onkel Markus wird sich riesig über unseren Besuch freuen." „Das will ich auch hoffen!", entgegnete ich lachend. Schließlich war ich an diesem Samstagmorgen extra früh aufgestanden, um meinen Lieblingsonkel an seinem Geburtstag zu überraschen. *Dass auch auf mich eine Überraschung wartete, wusste ich da natürlich noch nicht.*

Darum ist die Einleitung gelungen:

- Die Geschichte beginnt mit wörtlicher Rede.
- Die W-Fragen (Wer? Wo? Wann?) werden beantwortet.
- **Es wird in der Ich-Form und im Präteritum erzählt.**
- *Ein unerwartetes Ereignis wird angekündigt.*

Seite 8

5 Folgende Adjektive und Verben solltest du markiert haben:
heißer, stöhnte, mutterseelenallein, nervös, schriller, brüllte.

6 Mögliche Lösungen:
Adjektive mit Nomen: weiche Knie, feuchte Hände, starr vor Schreck
Verben: erbleichen, erschrecken, erstarren, zittern, kreischen, schwitzen

7 Mögliche wörtliche Rede:

Ich schrie: „Halt! Stoppen Sie sofort den Zug. Wir können noch nicht losfahren!" Die Schaffnerin schaute mich ungläubig an: „Was ist denn los, mein Junge?" „Meine Mutter", stammelte ich, „sie ist doch noch gar nicht eingestiegen. Sie steht noch auf dem Bahnhof!" „Keine Angst!", beruhigte mich die Schaffnerin. „Ich werde sofort die Kollegen am Bahnhof verständigen. Du wirst deine Mutter schon bald wiedersehen."

8 So könnte dein Hauptteil lauten:

Unsere Laune begann, sich zu verschlechtern, als die Klimaanlage ausfiel. Draußen war es Sommer und die Temperaturen waren schon vormittags sehr hoch. „Wir werden es überleben", seufzte Mutter und tupfte sich in unserem stickigen Abteil den Schweiß von der Stirn. Dumm war nur, dass wir uns für die kurze Fahrt keinen Proviant eingepackt hatten. „Wenigstens Wasser hätten wir mitnehmen können", dachte ich ärgerlich. Überraschenderweise kam der Zug dann an einem kleinen Bahnhof zum Stehen und aus dem Lautsprecher hallten die Worte: „Sehr geehrte Fahrgäste, dies ist ein außerplanmäßiger Halt. Wir warten auf einen anderen Zug!" Mutter zog die Augenbrauen hoch. Aber erst als die Abfahrt sich immer weiter verzögerte, wurde sie unruhig: „Das ist ja nicht auszuhalten", schimpfte sie leise. „Weißt du was, ich gehe jetzt ins Bordbistro und decke uns mit Lebensmitteln ein. Oder nein, noch besser: Ich springe schnell in den Bahnhofskiosk. Ich habe frische Luft dringend nötig!" Gesagt, getan! Ehe ich mich versah, war ich allein und beobachtete wenige Augenblicke später, wie meine Mutter im Bahnhofsgebäude verschwand. Da auch andere Fahrgäste sich auf dem Bahnsteig die Füße vertraten, machte ich mir zuerst keine Sorgen. Dann aber dröhnte plötzlich wieder der Lautsprecher: „Sehr geehrte Fahrgäste, wir setzen unsere Fahrt jetzt fort. Bitte steigen Sie ein!" In die Gruppe der Fahrgäste auf dem Bahnsteig kam Bewegung. Alle stiegen ein, nur eine fehlte. Mit

Darum ist der Hauptteil gelungen:
Markierungen im spannendsten Teil der Geschichte:

- treffende Verben
- Spannungsmelder
- **anschauliche Adjektive**
- *Gedanken und Gefühle*
- wörtliche Rede

rasendem Herzen hörte ich das Schließen der Türen und einen **schrillen** Pfiff. Genau in dem Moment, in dem der Zug anfuhr, stürzte meine Mutter auf den **verlassenen** Bahnsteig. Sie riss einen Arm in die Luft, fuchtelte und winkte, um sich bemerkbar zu machen, und schrie etwas Unverständliches. Ich sah noch, wie einer der Becher aus ihrer Hand zu Boden fiel, dann verschwand sie aus meinem Blickfeld. *Was sollte ich bloß tun? Ich hatte ja noch nicht mal ein Handy dabei! Sollte ich vielleicht die Notbremse ziehen? In meinem Kopf drehte sich alles und Tränen schossen mir in die Augen. Mein ganzer Körper zitterte. Gerade wollte ich vor lauter Verzweiflung um Hilfe schreien, als ich eine Hand auf meiner Schulter spürte* und die Worte hörte: „Was ist denn eigentlich los, meine Junge?" Es war die Schaffnerin, die mich freundlich und fragend ansah. „Sie müssen, sie müssen sofort den Zug stoppen", stammelte ich, „meine Mutter steht doch noch auf dem Bahnsteig!" „Oje!", sagte die Schaffnerin. „Aber Kopf hoch, wir kriegen das hin!" Ich atmete auf und hörte dann, wie die Schaffnerin über ihr Handy sofort in dem Bahnhof anrief, den wir soeben verlassen hatten. Dann fragt sie mich: „Weiß du vielleicht die Handynummer deiner Mutter auswendig?" „Klar!", rief ich. „Na dann", sagte sie und gab mir ihr Handy. „Ich wette, sie macht sich noch größere Sorgen als du."

Seite 9

9 In dem abgedruckten Schluss finden sich die Erzähltricks **A + D.**

10 a + b So könnte dein Schluss lauten, wenn du **Erzähltrick B** (= auf die Einleitung zurückgreifen) mit **Erzähltrick D** (= eine Anregung zum Nachdenken) **kombinierst:**

Zwei Stunden später saßen wir wieder gemeinsam im Zug und waren auf dem Weg zu Onkel Markus. Ich war heilfroh, dass die Schaffnerin Wort gehalten hatte. Aber Mama war noch immer ziemlich aufgewühlt, als sie halb im Scherz und halb im Ernst zu mir sagte: „Für eine Limo und ein Würstchen lasse ich dich in Zukunft **ganz bestimmt nicht mehr alleine! Ganz bestimmt nicht!** Da müssten sie mir schon etwas viel Besseres anbieten, z. B. einen leckeren Salat oder ...!" Ich musste laut lachen und nahm sie ganz fest in den Arm.

Darum ist der Schluss gelungen:
- Rückgriff auf die Einleitung
- **Schlussbemerkung zum Nachdenken**

11 Die Überschrift könnte zum Beispiel lauten: Eine Zugfahrt mit Hindernissen

12 Mögliche Lösung (**anschauliche Adjektive** = fett, treffende Verben = unterschlängelt, Spannungsmelder = unterstrichen, wörtliche Rede = grau markiert, *Gedanken und Gefühle* = kursiv):

Dann aber dröhnte plötzlich wieder der Lautsprecher: „Sehr geehrte Fahrgäste, wir setzen unsere Fahrt jetzt fort. Bitte steigen Sie ein!" In die Gruppe der Fahrgäste auf dem Bahnsteig kam Bewegung. Alle stiegen ein, nur eine fehlte. Mit **rasendem** Herzen hörte ich das Schließen der Türen und einen **schrillen** Pfiff. Genau in dem Moment, in dem der Zug anfuhr, stürzte meine Mutter auf den **verlassenen** Bahnsteig. Sie riss einen Arm in die Luft, fuchtelte und winkte, um sich bemerkbar zu machen, und schrie etwas Unverständliches. Ich sah noch, wie einer der Becher aus ihrer Hand zu Boden fiel, dann verschwand sie aus meinem Blickfeld. *Was sollte ich bloß tun? Ich hatte ja noch nicht mal ein Handy dabei! Sollte ich vielleicht die Notbremse ziehen?*

Seite 10

1 In dieser Reihenfolge solltest du die Bilder ordnen: **4 – 2 – 1 – 3**.

2 a + b So könnte deine Lösung lauten:
Bild 1: offenes, von Taschenlampe beleuchtetes Zelt im Garten / Draußen ist es dunkel, nur der Mond scheint. / Maike bläst Luftmatratze auf / fertiger, aber verlassener Schlafplatz von Clara
Zwischen Bild 1 und Bild 2: Maike wartet auf Clara, bekommt etwas Angst.
Bild 2: Wäscheleine im Garten mit großen Laken / Clara geht durch die Laken, man sieht nur ihre Beine.
Zwischen Bild 2 und Bild 3: Clara verkleidet sich als Gespenst, um Maike zu erschrecken.
Bild 3: Clara erscheint als Gespenst und erschreckt Maike. / Maike hat große Angst.
Zwischen Bild 3 und Bild 4: Maike ruft nach Clara und nach Hilfe.
Bild 4: Clara gibt sich zu erkennen und lacht. / Maike schaut erstaunt und erleichtert.
Nach dem letzten Bild: Beide Kinder lachen und verbringen eine lustige Nacht im Zelt.

Seite 11

3 So könnte deine Begründung lauten:
Aus Maikes Sicht kann man besonders spannend erzählen, weil sie von dem Gespenst/Clara überrascht und erschreckt wird. Ihre Gefühle, Gedanken und Reaktionen lassen sich anschaulich beschreiben.

4 a **Wer sind die Hauptfiguren?** Ich-Erzählerin (= Maike), Clara
Wo spielt die Handlung? in Claras Garten / teilweise im Zelt
Wann spielt die Handlung? abends / nachts bei Mondschein
b Du kannst frei entscheiden.

5 Folgende Formulierungen geben Maikes Angst anschaulich wieder:
- Ich war starr vor Schreck.
- Das Herz schlug mir bis zum Hals.
- Mein Puls raste.
- Mein Atem stockte.
- Jetzt war es um mich geschehen.
- Mein Herz blieb fast stehen.

6 Du könntest zum Beispiel die folgenden Sätze formulieren:
A „Komm nicht näher, bleib sofort stehen!", befahl ich dem Gespenst mutig.
B „Jetzt hör schon auf damit, Clara!", flehte ich das Gespenst an.
C „Ich schreie", drohte ich dem Gespenst, „wenn du auch nur einen Schritt näher kommst!"

7 a + b So könnte deine Geschichte lauten:

Eine unheimliche Nacht

Zum Ferienbeginn hatte meine Freundin Clara eine tolle Idee: Zelten bei ihr im Garten! Claras Garten war dazu wie geschaffen. Er war riesengroß und erinnerte mich an den wilden und verwunschenen Park eines Märchenschlosses. Am Freitagabend **schlugen** wir unser Zelt auf, und **ich freute** mich schon darauf, dass wir die halbe Nacht quatschen und erzählen würden. *Doch da hatte ich mich wohl ein bisschen zu früh gefreut.*

Ich war noch immer damit beschäftigt, meine Luftmatratze aufzublasen, als Clara sagte: „Ich gehe noch mal rasch auf die Toilette. Ich kann dich doch kurz alleine lassen, oder?" „Na klar, glaubst du etwa, ich habe Angst?", antwortete ich selbstbewusst. „Niemals!", entgegnete Clara kichernd. „Ich nehme dann die Taschenlampe mit, damit ich nicht gegen den nächsten Baum laufe."

Darum ist die Geschichte gelungen:
- Überschrift weckt Interesse und verrät nicht zu viel.

Einleitung:
- Die W-Fragen (Wer? Wo? Wann?) werden beantwortet.
- **Es wird in der Ich-Form und im Präteritum erzählt.**
- *Ein unerwartetes Ereignis wird angekündigt.*

Hauptteil:
- wörtliche Rede

Bevor ich noch etwas einwenden konnte, war Clara verschwunden. Nun war ich ganz alleine in diesem gewaltigen Garten und es war stockdunkel. Nur der Mond schimmerte bleich durch die Bäume. Ich hörte das Rauschen der Blätter im Wind *und bekam eine leichte Gänsehaut. „Jetzt stell dich mal nicht so an!"*, ermahnte ich mich selbst und pustete entschlossen noch ein letztes Mal in meine Luftmatratze. So, fertig! Ich spähte aus dem Zelt in die Dunkelheit. *Wo blieb Clara denn nur? Sie war doch schon eine halbe Ewigkeit weg.* Im Mondschein bewegten sich die Äste eines Baumes und ich sah in einiger Entfernung ein paar weiße Bettlaken schimmern, die noch immer an der Leine hingen. Ein Vogel schrie auf und ich fuhr vor Schreck zusammen. Da hörte ich auf einmal ein leises Knistern. *Waren das Schritte?* „Clara?", flüsterte ich. „Clara, bist du das?" Keine Reaktion! Plötzlich schoss ein weißes, **grauenhaftes** Gespenst mit ausgebreiteten Armen auf mich zu. *Das gab es doch gar nicht! Das Herz schlug mir bis zum Hals. Ich dachte wirklich, mein letztes Stündlein hat geschlagen.* „Komm nicht näher!", stammelte ich mit **zitternder** Stimme. Da stieß das **unheimliche** Wesen einen **markerschütternden** Schrei aus: „Huaaaaaa!" Ich weiß gar nicht, woher ich den Mut nahm, aber schreien konnte ich plötzlich auch: „Verschwinde! Hau ab! Geh weg, sonst brülle ich um Hilfe!" Da hörte ich, wie die Gestalt auf einmal sehr mädchenhaft kicherte und rief: „Mensch, Maike, ich bin es doch nur, Clara!" Clara streifte das Gespensterlaken rasch ab, kam auf mich zu, umarmte mich und sagte: „Es tut mir wirklich leid, so sehr wollte ich dich gar nicht erschrecken!" „Mach das nicht noch mal!", sagte ich vorwurfsvoll, aber da konnte ich schon fast wieder lachen.

- *Gedanken und Gefühle*
- treffende Verben
- Spannungsmelder
- **anschauliche Adjektive**

Nun kam der angenehme Teil unserer Übernachtung. Wir kuschelten uns in unsere Schlafsäcke und erzählten stundenlang die tollsten Geschichten. Nur eine Bedingung hatte ich Clara dafür gestellt: „Du darfst traurige, lustige und abenteuerliche Geschichten erzählen, alles, nur keine Gespenstergeschichten!"

Schluss:
- Das Ende der Geschichte wird erzählt, das Erlebnis abgeschlossen.

8 So könnte der spannendste Abschnitt deines Hauptteils lauten:

Ich schnappte mir ein Laken und schlich mich auf leisen Sohlen in Richtung Zelt. Das würde eine tolle Überraschung werden! Es waren vielleicht noch zehn Meter bis zu Maike, als ich unter das Laken kroch und ganz leise „Huaaaa!" stöhnte. Es klang sehr gruselig. Noch gruseliger war allerdings das Echo: „Buuuh!", dröhnte es durch den dunklen Garten, dass mir der Schreck in alle Glieder fuhr. Ich riss das Laken herunter und sah mich plötzlich einer weißen, wehenden Gestalt gegenüber, die auf mich zuzufliegen schien. „Hilfe!", brüllte ich so laut, dass das Gespenst sich offenbar ebenfalls erschreckte und laut um Hilfe rief. Im selben Moment riss auch Maike sich ihr Laken vom Kopf und wir standen uns für ein paar Sekunden schweigend und ungläubig gegenüber. Das gab es doch gar nicht. Waren wir etwa auf die gleiche Idee gekommen? Maike fasste sich als Erste und sagte kichernd: „Zwei Dumme, ein Gedanke!" Dann lagen wir uns lachend in den Armen und brauchten eine ganze Weile, um uns wieder zu beruhigen.

Informieren

Seite 12

2 a So oder so ähnlich sollte deine Antwort lauten:
Tobi schreibt den Brief
- an Freunde von seiner alten Grundschule.
- an Schüler oder Schülerinnen von seiner alten Grundschule.
- an die 4. Klasse seiner alten Grundschule.

b Die folgenden Lücken solltest du im Brief gefüllt haben. Sie sind im Brief unten fett gedruckt.
- Datum (oben rechts), z. B.: **Frankfurt (Oder), den 1. September 2019**
- Anrede, z. B.: **Liebe 4. Klasse! – Liebe 4. Klasse der Astrid-Lindgren-Grundschule!**
- Grußformel, z. B.: **Herzliche/Viele/Liebe Grüße – Bis bald**
- Unterschrift von Tobi, z. B.: **Tobi / euer Tobi**

c Die Textstellen, in denen Tobi seine Empfänger direkt anspricht, sind unterstrichen.

Frankfurt (Oder), den 1. September 2019

Liebe 4. Klasse der Astrid-Lindgren-Grundschule!

Gerade sitze ich gemütlich in meinem Zimmer und denke an meine alte Grundschule. Da kam mir die Idee, euch einen Brief zu schreiben und von der neuen Schule zu erzählen.
Jetzt sind die ersten drei Schulwochen geschafft. Sie waren viel besser, als ich erwartet hatte. Aber wisst ihr, was wirklich blöd ist? Ich gehöre jetzt wieder zu den Kleinen auf der Schule. Da müsst ihr jetzt lachen, oder?
Ihr könnt euch gar nicht vorstellen, wie groß die neue Schule ist. Ich habe mich schon mehrmals verirrt. Denn es gibt nicht nur einen Klassenraum, sondern bestimmte Fachräume, z. B. einen für Biologie und einen für Physik. Die neuen Fächer sind toll. Na? Werdet ihr schon neugierig auf eure neue Schule im nächsten Schuljahr? Seid ihr schon nervös? Ihr könnt ganz beruhigt sein: Man lebt sich auf der neuen Schule schneller ein, als man denkt. Manchmal vermisse ich aber unsere Grundschule.

Wie geht es euch als den neuen „Großen" an der Grundschule? Ich würde mich freuen, von euch zu hören.

Herzliche Grüße
Tobi

Seite 13

3 Der Eintrag im Lerntagebuch Nr. 1 ist besser gelungen.

4 Mögliche „knackige" Tipps, drei davon solltest du aufgeschrieben haben:
Formuliere eine Überschrift! – Halte den Rand ein! – Hebe Wichtiges farbig hervor! – Schreibe sauber und leserlich! – Unterstreiche mit dem Lineal!

5 Die Pronomen, die du in die Lücken eingesetzt haben solltest, sind fett gedruckt und unterstrichen.

Liebe Frau Hain!
Sie haben uns gebeten, **Ihnen** in einem Brief zu schreiben, was uns in der neuen Klasse gut gefällt. Dazu kann ich **Ihnen** eine Menge schreiben. Ich finde, dass **Sie** tolle Ideen haben, damit unsere Klassengemeinschaft gut funktioniert. Der gemeinsame Spielenachmittag mit **Ihnen** hat mir auch gut gefallen. Obwohl einige Kinder **ihre** Spiele zu Hause vergessen hatten, durften **sie** mitspielen. Mir hat gefallen, dass **Sie** als Klassenlehrerin nicht geschimpft haben.

Berichten

Seite 14

2 Mögliche Lösung:
In der Einleitung werden die folgenden W-Fragen beantwortet:
Was? Autorenlesung
Wann? am letzten Freitag
Wo? in der Schulaula
Wer? Jugendbuchautorin Gudrun Mebs
Im Hauptteil werden die folgenden W-Fragen beantwortet:
Wer? Schulleiterin Frau Bergmann, Deutschlehrer Herr Wöhe, Schülerinnen und Schüler der 5. Klassen
Wie? zuerst Begrüßung und Vorstellung, dann spannende Lesung mit Fragerunde, zum Abschluss Dank und Einladung
Mit welchen Folgen? Autorin soll bald wieder eingeladen werden.

3 a Folgende Verben solltest du im Text markiert haben:
las (Präteritum), begrüßt hatte (Plusquamperfekt), gab (Präteritum), begann (Präteritum), bestand (Präteritum), lauschten (Präteritum), gab (Präteritum), wollte (Präteritum), erzählte (Präteritum), bedankte (Präteritum), versprach (Präteritum)
b Das Plusquamperfekt drückt bei einem Geschehen in der Vergangenheit Vorzeitigkeit aus. Die Begrüßung hat vor dem Überblick über das Leben der Autorin stattgefunden.
c Es handelt sich um die Wiedergabe von Gesagtem.

Seite 15

1 a + b Känguru hüpft über Schulhof – *was?* | Zoomitarbeiter schnell zur Stelle – *wer?/was?* | aus Sicherheitsgründen Kinder in ihre Klassenzimmer zurück – *wer?/was?* | am Dienstag – *wann?* | Polizei und Zoo benachrichtigt – *wer?/was?* | zu Beginn der 1. Hofpause – *wann?* | ~~Schulhof 2017 neu gestaltet~~ | versuchen, das Känguru in die Ecke zu treiben – *was?* | ~~Biologielehrer Kluge hält Vortrag über australisches Säugetier~~ | Einfangversuche scheitern – *was?* | mit Narkosepfeil betäubt – *wie?* | Tierärztin Krawinkel überwacht Abtransport – *wer?/was?* | ~~eine sympathische Frau~~ | Schulhof der Anna-Seghers-Schule – *wo?* | Zoodirektor Wilhelm erklärt Fluchtursache – *wer?/was?* | ganze Schule bei freiem Eintritt in den Zoo eingeladen – *mit welcher Folge?* | durch ein offen stehendes Tor entkommen – *wie?*

2 Möglicher Schreibplan:
Einleitung: am Dienstag | Schulhof der Anna-Seghers-Schule | Känguru hüpft über Schulhof
Hauptteil: zu Beginn der 1. Hofpause | aus Sicherheitsgründen Kinder in ihre Klassenzimmer zurück | Polizei und Zoo benachrichtigt | Zoomitarbeiter schnell zur Stelle | versuchen, das Känguru in die Ecke zu treiben | Einfangversuche scheitern | mit Narkosepfeil betäubt | Tierärztin Krawinkel überwacht Abtransport
Schluss: Zoodirektor Wilhelm erklärt Fluchtursache | durch ein offenstehendes Tor entkommen | ganze Schule bei freiem Eintritt in den Zoo eingeladen

4 a + b So könnte dein Bericht lauten:

Entlaufenes Känguru auf dem Schulhof

Am Dienstag hüpfte ein entlaufenes Känguru über den Schulhof der Anna-Seghers-Schule.

Der Vorfall **ereignete** sich zu Beginn der ersten Hofpause. Während alle Kinder aus Sicherheitsgründen in ihre Klassenzimmer **zurückkehrten**, **wurden** Polizei und Zoo **benachrichtigt**. Die Zoomitarbeiter **waren** schnell zur Stelle und **versuchten** zuerst, das Tier in eine Ecke zu treiben. Nachdem die Einfangversuche gescheitert waren, **musste** das Känguru mit einem Narkosepfeil betäubt werden. Anschließend **überwachte** Tierärztin Krawinkel den Abtransport.

Darum ist der Bericht gelungen:
kurze informative Überschrift
Einleitung:
– Die W-Fragen (Was? Wann? Wo?) werden beantwortet.
Hauptteil:
– Es wird knapp und sachlich über das Ereignis informiert.
– **Der Bericht steht im Präteritum.**
– Vorzeitigkeit wird durch Plusquamperfekt ausgedrückt.
– Der Bericht ist in einer sachlichen Sprache verfasst.

Das Känguru sei durch ein offen stehendes Tor entkommen, erklärte Zoodirektor Wilhelm später die Fluchtursache und lud die ganze Schule bei freiem Eintritt in den Zoo ein.

Schluss:
– *Für die Wiedergabe des Gesagten wird die indirekte Rede gewählt. Das Verb steht im Konjunktiv I.*

Beschreiben

Seite 16

2 So oder so ähnlich sollte dein Steckbrief aussehen:
Tierart und Besonderheit: afrikanischer Elefant, schwerstes Landsäugetier
Größe und Gewicht: 3,20 bis 4 Meter (Größe), 5000 bis 7500 kg (Gewicht)
Aussehen: graue Lederhaut, große Ohren, langer Rüssel, lange, weiße Stoßzähne am Ansatz des Mauls, unterhalb der Stirn kleine, schwarze Augen (rechts und links vom Rüsselansatz), mächtiger, rundlicher Körper, vier säulenartige Beine, ca. 1 Meter langer Schwanz
weitere Informationen (z. B. Lebenserwartung, Nahrung): intelligent, können bis zu 60 Jahre alt werden, ernähren sich nur von Pflanzen, keine Feinde (außer Menschen)

Seite 17

1 **a + b** Du musst bei jedem Fachbegriff nur ein Adjektiv notiert haben. Hier sind manchmal mehrere Adjektive angegeben.

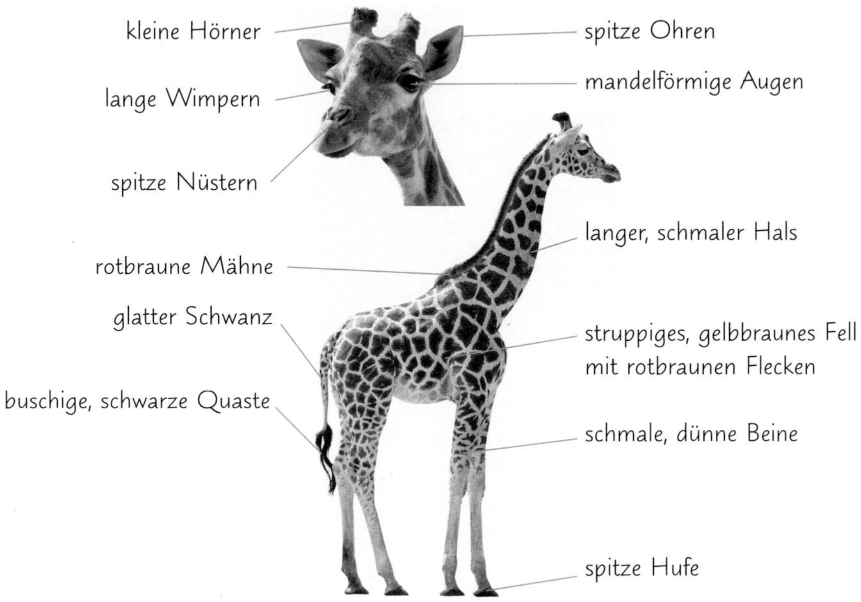

Seite 18

2 B Giraffenbulle (männliche Giraffe): 6 Meter Höhe, ungefähr 1600 Kilogramm Gewicht
G Giraffen sind die höchsten und langbeinigsten Tiere der Welt.
W Lebenserwartung in freier Wildbahn: 25 Jahre (im Zoo auch älter) – reine Pflanzenfresser – blaugraue Zunge, bis zu 50 Zentimeter lang (damit können Giraffen Blätter von den Bäumen pflücken)

3 So könnte dein Steckbrief zur Giraffe aussehen:
Name/Tierart: Giraffe
Besonderheit (Rekordmerkmal): höchstes, langbeinigstes Tier der Welt
Größe/Gewicht: 6 Meter hoch, ca. 1600 kg schwer (männliche Giraffe)
Aussehen
- **Körperbau:** langer, schmaler Hals mit rotbrauner Mähne, schmale, dünne Beine, schwarze Hufe, glatter Schwanz mit buschiger, schwarzer Quaste
- **Farbe und Muster des Fells:** gelbbraunes Fell mit rotbraunen Flecken
- **Kopfform, Ohren, Augen, Maul usw.:** zwei kleine Hörner, spitze Ohren, mandelförmige, dunkle Augen mit langen Wimpern, spitze Nüstern

weitere Informationen: Lebenserwartung in freier Wildbahn: 25 Jahre (im Zoo auch älter) – reine Pflanzenfresser – blaugraue Zunge, bis zu 50 Zentimeter lang (damit können Giraffen Blätter von den Bäumen pflücken)

4 So könnte deine Beschreibung lauten:

Das höchste Tier der Welt

Die Giraffe ist das höchste und langbeinigste Tier der Welt.

Ein ausgewachsener Giraffenbulle ist so groß wie ein zweistöckiges Haus und kann bis zu 6 Meter groß und knapp 1600 kg schwer werden. Auf der Rückseite des langen, schmalen Halses verläuft die kurze, rotbraune Mähne. Diese endet auf dem Rücken des Tieres. Das struppige, gelbbraune Fell der Giraffe ist gekennzeichnet durch rotbraune Flecken. Das Tier steht auf vier langen, dünnen Beinen mit spitzen Hufen. Die Giraffe besitzt außerdem einen glatten Schwanz mit einer buschigen, schwarzen Quaste.
Die zwei kleinen Hörner stehen zwischen den spitz zulaufenden Ohren auf dem Kopf der Giraffe. Sehr weit außen am Kopf sitzen die mandelförmigen, dunklen Augen, die von langen Wimpern umrahmt werden. Darunter befinden sich die spitzen Nüstern.

In freier Wildbahn können Giraffen bis zu 25 Jahre alt werden, im Zoo sogar noch älter. Giraffen sind reine Pflanzenfresser.

Darum ist die Beschreibung gelungen:
Überschrift sagt etwas über das Tier aus.
Einleitung nennt Tierart und seine Besonderheit.
Hauptteil beschreibt Größe, Gewicht und das Aussehen des Tieres (z. B. Farbe und Form der Körperteile).
- Treffende Adjektive und Fachbegriffe werden verwendet.
- Als Zeitform wird das Präsens verwendet.
- Der Text ist sachlich (ohne persönliche Wertungen) geschrieben.

Schluss nennt weitere Informationen, z. B. Lebenserwartung und Nahrung des Tieres.

5 Mögliche Lösung: Man beschreibt ein Tier zum Beispiel
- für eine Suchmeldung, wenn das Tier entlaufen ist.
- wenn man ein eigenes Tier besitzt und es z. B. Freunden vorstellen möchte.
- wenn man ein besonderes Tier vorstellen möchte, z. B. in einem Kurzvortrag.

Seite 19

2 a Wörter, die die Reihenfolge der Arbeitsschritte verdeutlichen:
zuerst (▸ Z. 3), danach (▸ Z. 5), anschließend (▸ Z. 6 f.), nun (▸ Z. 8), zum Schluss (▸ Z. 10)

b Richtige Reihenfolge der Arbeitsschritte:
1 Pflanzenstängel kürzen | 2 Umriss der Konservendose zeichnen | 3 aus Pappe einen Kreis ausschneiden | 4 Pappkreis in die Dose legen | 5 Holzleim in die Dose füllen | 6 Pflanzenstängel in die Dose stopfen

c In der Vorgangsbeschreibung ist die Du-Form der Ansprache gewählt.

d Hauptteil in der **Man-Form** der Ansprache:
Zuerst **kürzt man** die Pflanzenstängel mit einer Gartenschere oder Säge, sodass sie in die Konservendose passen und nicht überstehen. Dabei **achtet man** darauf, dass die Schnittkanten glatt sind, damit die Insektenflügel nicht verletzt werden. Danach **setzt man** die Konservendose auf die Pappe und **zeichnet** den Umriss mit einem Bleistift. Anschließend **schneidet man** den Kreis etwas kleiner aus und **legt** ihn auf den Boden der Dose. Nun **füllt man** ca. 1 cm hoch Holzleim in die Dose. Dahinein **stopft man** dicht an dicht die Pflanzenstängel. So können Vögel die Stängel nicht herausziehen. Wenn **man möchte**, **kann man** das Wildbienenhotel zum Schluss noch bunt anmalen.

Hauptteil im **Imperativ Singular**:
Kürze zuerst die Pflanzenstängel mit einer Gartenschere oder Säge, sodass sie in die Konservendose passen und nicht überstehen. **Achte** dabei darauf, dass die Schnittkanten glatt sind, damit die Insektenflügel nicht verletzt werden. **Setze** danach die Konservendose auf die Pappe und **zeichne** den Umriss mit einem Bleistift. **Schneide** anschließend den Kreis etwas kleiner aus und **lege** ihn auf den Boden der Dose. **Fülle** nun ca. 1 cm hoch Holzleim in die Dose. **Stopfe** dahinein dicht an dicht deine Pflanzenstängel. Auf diese Weise können Vögel die Stängel nicht herausziehen. Wenn du möchtest, **male** das Wildbienenhotel zum Schluss noch bunt an.

Seite 20

3 a Material und Werkzeug: Kartoffel- oder Zwiebelnetz, Tontopf, Schere, Stroh, Bindfaden
b Mögliche Stichpunkte:
- Arbeitsschritt 1: Stroh mit Schere zurechtschneiden und in Tontopf füllen
- Arbeitsschritt 2: Bindfaden durch Netz fädeln
- Arbeitsschritt 3: Netz über Tontopf stülpen, Bindfaden unter dem Topfrand verknoten
- Arbeitsschritt 4: fertigen Topf auf einen Stock im Beet stecken oder in einen Baum hängen

4 So könnte deine Bastelanleitung für einen Insektenunterschlupf lauten:

Einen Unterschlupf für Insekten basteln

Um einen Insektenunterschlupf zu bauen, benötigt man einen Tontopf, Stroh, ein Kartoffel- oder Zwiebelnetz, eine Schere und Bindfaden.

Zuerst **schneidet** man das Stroh mit der Schere zurecht, damit es nicht zu lang ist. Dann **stopft** man es in den Tontopf, bis dieser gut gefüllt ist. Anschließend **fädelt** man einen Bindfaden durch die Rauten am Rand eines Kartoffel- oder Zwiebelnetzes. Nun **stülpt** man das Netz über den Tontopf und **verknotet** zum Schluss die Enden des Bindfadens fest unter dem Topfrand.

Den Insektenunterschlupf kann man auf einen Stock im Beet stecken oder in einen Baum hängen.

Darum ist die Bastelanleitung gelungen:
Die Überschrift fasst den Vorgang zusammen.

Einleitung:
- Die notwendige Materialien und Werkzeuge werden genannt.

Hauptteil:
- Reihenfolge der Arbeitsschritte wird sprachlich verdeutlicht.
- **Die Vorgangsbeschreibung steht im Präsens.**
- Es wird nur eine Form der Ansprache gewählt: Man-Form.

Schluss:
- Es wird ein Tipp bzw. Hinweis zur Benutzung gegeben.

5 So könnte deine Bastelanleitung für ein Igelquartier lauten:

Ein Winterquartier für den Igel bauen
Um einen regensicheren Unterschlupf für den Igel im Winter zu bauen, brauchst du nur ein paar Ziegelsteine und ein Brett, Laub oder Stroh, Reisig oder Baumrinde.
Zuerst suchst du einen ruhigen Platz unter einem Strauch oder in einer Hecke. Dort ordnest du eine Reihe Ziegelsteine so an, dass eine Grundfläche von der Größe eines Zeichenblattes entsteht. Lass dabei ungefähr 10 cm Platz für den Eingang, so passt nur der Igel hindurch und keine Katzen oder Hunde. Lege dann eine zweite Runde Ziegelsteine auf die erste. Fülle anschließend den Innenraum mit Stroh oder trockenem Laub. Zum Schluss deckst du das Haus mit einem Brett als Dach ab.
Wenn du möchtest, kannst du das Igelhaus von außen mit Reisig, Baumrinde und Laub isolieren.

Argumentieren

Seite 21

1 Hier findest du mögliche Argumente für das Übernachten in der Schule. Drei solltest du in deine Begründungshand aufgenommen haben:
- Chance, Mitschüler/-innen auch mal anders kennenzulernen
- vielseitig, man kann viele verschiedene Dinge tun
- mehr Zeit zum gemeinsamen Spielen
- leere Schule bringt nachts besondere Stimmung mit sich

1 Mögliche Lösung:
- Ich finde, wir sollten in der Schule übernachten, weil man so die Chance bekommt, seine Mitschüler/-innen auch mal anders kennenzulernen.
- Wir sollten in der Schule übernachten, denn eine leere Schule bringt nachts eine besondere Stimmung mit sich.

Seite 22

3 b

	trifft zu	trifft nicht zu
In der Einleitung wird gesagt, um was es geht.	X	
Die Meinung wird klar formuliert.	X	
Die Meinung wird durch Argumente begründet.		X
Im Schluss wird ein Wunsch, ein Vorschlag oder eine Bitte formuliert.	X	

4 So oder so ähnlich sollte deine Überarbeitung lauten:

Schwerin, den 13.11.20..

Liebe Frau Rose,

wir sollen uns für unsere nächste Klassenratssitzung überlegen, wie der kommende Klassenausflug gestaltet werden kann.
Ich bin der Ansicht, dass wir in der Schule übernachten sollten, denn so sind wir vom Wetter unabhängig. Außerdem denke ich, dass wir bei einer Übernachtung viele verschiedene Dinge tun können.
Ich würde mich freuen, wenn mein Vorschlag von vielen aus der Klasse unterstützt wird.

Viele Grüße

Konstantin

Darum ist der Text gelungen:

In der Einleitung wird gesagt, worum es geht.
Die Meinung wird klar formuliert.
Es werden zwei Argumente für die Meinung angeführt.
Zum Schluss wird ein Wunsch formuliert.

5 Möglicher Schüerbrief für die Veranstaltung einer Hörnacht:

Brief	Darum ist der Text gelungen:
Schwerin, den 13.11.20..	
Liebe Frau Rose,	
Sie haben uns nach Vorschlägen gefragt, wie man eine Übernachtung in der Schule gestalten kann.	In der Einleitung wird gesagt, worum es geht.
Ich bin dafür, dass wir zum Thema „Gespenster" eine Hörnacht veranstalten,	Die Meinung wird klar formuliert.
weil wir uns dann ein vielseitiges Programm überlegen können. Ein weiterer Grund ist, dass es allen bestimmt viel Spaß machen würde, unseren Klassenraum passend zu dekorieren.	Es werden zwei Argumente für die Meinung angeführt.
Ich würde mich freuen, wenn mein Vorschlag auch den anderen aus der Klasse gefällt und er in unserer nächsten Klassenratssitzung besprochen wird.	Zum Schluss wird ein Wunsch formuliert.
Herzliche Grüße	
Elisa	

Einen Sachtext lesen und verstehen

Seite 23

1 Individuelle Lösung

2 Individuelle Lösung

3 a **Mögliche Fragen:**

1 Wie löst die Krähe in der Fabel ihr Problem?
2 Wie schlau sind Krähen tatsächlich?
3 Wie wollen Wissenschaftler prüfen, ob Krähen schlau sind?
4 Was müssen die Krähen tun?
5 Wie schlau sind Krähen im Vergleich zu Menschen?

b **Mögliche Schlüsselwörter:**

1 Fabel, fast verdursteten Krähe, halb vollen Wasserkrug, reicht, Schnabel nicht, Idee, Kieselsteine, Wasser verdrängen, steigt Wasserspiegel
2 wirklich, schlau, Universität in Neuseeland, entdeckt, Neukaledonische Krähe, Werkzeug, Angeln, nach Würmern und Larven stochern
3 Aufgaben lösen, neu, Krähenfabel, Leckerbissen auf einer Korkscheibe, Wasserspiegel, Versenken von Objekten, Höhe
4 ersten Experiment, Unterschied, schweren und leichten Gegenständen, lernten schnell, Wasserspiegel, Versenken von schweren Objekten, zweiten Versuch, glänzen, Wasserstand, hoch
5 Schluss, so schlau wie fünf- bis siebenjähriges Kind

c **Mögliche unbekannte Wörter:**

antik (► Z. 1): aus der Antike, dem Altertum stammend
experimentieren (► Z. 7): Experimente (Versuche) durchführen
meißeln (► Z. 12): mit einem Meißel (Werkzeug aus Stahl) arbeiten
das Instrument (► Z. 12): das Werkzeug
die Korkscheibe (► Z. 18): eine Scheibe aus einer leichten und schwimmenden Baumrinde
das Objekt (► Z. 20), hier: ein Gegenstand
der Physikkurs (► Z. 31): Unterricht in einer Naturwissenschaft

Seite 25

4 a **Außer den Beispielen in der Aufgabe solltest du die folgenden Pronomen umkreisen:**
sie (▸ Z. 3), ihr (▸ Z. 3), Sie (▸ Z. 3), sie (▸ Z. 5), sich (▸ Z. 5)

b „So" (▸ Z. 1) bezieht sich auf Geschichten von besonders klugen Tieren.
„Dadurch" (▸ Z. 4) bezieht sich darauf, dass Kieselsteine das Wasser verdrängen.
„So" (▸ Z. 5) bezieht sich darauf, dass die Krähe trinken kann.

c „Dabei" (▸ Z. 8) bezieht sich auf die Experimente mit den Vögeln.
„Dazu" (▸ Z. 11) bezieht sich auf das Basteln von eigenen Angeln.

5 So könnte deine Zusammenfassung lauten:

> **Der Wasserkrugtest**
> **Wissenschaftler** stellten sich die Frage, wie schlau Krähen sind. Dabei ließen sie sich von einer alten Fabel anregen. In dieser füllt eine durstige Krähe einen halb vollen Wasserkrug mit Steinen. Dadurch steigt das Wasser so hoch, dass die Krähe es trinken kann. *Die Forscher führten zwei Versuche durch, in denen die Krähen an kleine Leckerbissen kommen sollten. Dabei mussten sie jeweils den Wasserstand in einem Gefäß steigen lassen.* In beiden Fällen kamen die Krähen schnell zu der besten Lösung und bestätigten damit, dass sie sehr kluge Tiere sind. Die Forscher vergleichen ihren Verstand mit dem eines fünf- bis siebenjähriges Kindes.

Die Zusammenfassung beantwortet diese W-Fragen:
- **Wer?**
- Was?
- *Wie?*
- Welches Ergebnis?

6 a + b
B Hohe und niedrige Wasserstände (▸ Z. 21–24)
A Schwere und leichte Gegenstände (▸ Z. 24–25)

c Die Grafiken zeigen den Aufbau der beiden Wasserkrugtests.

7 Mögliche Formulierung:
Mit dem Wasserkrugtest kann man nachweisen, dass Krähen Zusammenhänge erkennen können.

Einen Erzähltext lesen und verstehen

Seite 27

2 **Knecht:** Diener, Untergebener
räumen: verlassen
Schalk: Schelm, Spitzbube

Gut: Besitz
heißen: befehlen
von dannen: von dort weg

3 1 = N; 2 = E; 3 = L; 4 = U; 5 = E Das Lösungswort lautet: **Eulen.**

4 **Richtig ist:** Till versteht das Wort „räumen" absichtlich falsch.

5 Mögliche Zusammenfassung:

In der **Einleitung** der Schelmengeschichte erfährt man, dass Till für kurze Zeit bei einem Kaufmann in Hildesheim arbeitet. Dieser hält Till jedoch für einen Spitzbuben und befiehlt ihm, gleich am nächsten Tag das Haus zu räumen.
Im **Hauptteil** wird erzählt, dass Till sich an dem reichen Kaufmann rächen will. Deshalb überlegt er sich folgende List: Er versteht den Befehl „das Haus zu räumen" absichtlich falsch und stellt die Möbel des Kaufmanns auf die Straße. Als der erboste Kaufmann ihn zur Rede stellt, erklärt Till, er habe doch nur seinen Befehl ausgeführt.
Zum **Schluss** geht Till seiner Wege und der Kaufmann muss seine Sachen unter dem Gelächter der Nachbarn wieder zurück in sein Haus schleppen.

Seite 28

6 a + b

Till Eulenspiegel
– ist erst kurz in Hildesheim
– ist ein Schelm
– ist arm, arbeitet als Knecht

wohnt bei ihm →
← wirft ihn raus
← ärgert sich über ihn
ist sein Knecht →
← ist sein Chef
← nennt ihn Betrüger
rächt sich an ihm →
hält ihn für ungerecht →

Kaufmann
– ist reich
– ist ein angesehener Bürger
– lebt in Hildesheim

7 Mögliche Beschreibung der Figuren und ihrer Beziehungen:

In dieser Schelmengeschichte gibt es zwei Hauptfiguren, nämlich Till Eulenspiegel und den Kaufmann. Über den Kaufmann erfährt man schon am Anfang der Geschichte, dass er in Hildesheim lebt und reich ist. Er möchte Till nicht mehr beschäftigen, weil er ihn für einen Betrüger hält. Till ärgert sich über den Kaufmann, weil dieser ihn auf die Straße setzt. Er ist jedoch ein Schelm und beschließt, sich an dem Kaufmann zu rächen, indem er einen Befehl absichtlich falsch versteht. Zum Schluss ärgert sich der Kaufmann über Tills Frechheit.

8 Mögliche Gedanken und Gefühle Tills:

Na, warte! Du lebst wie ein König und mich setzt du vor die Tür. Der meint wohl, es ist ein Spaß, bei jedem Wetter durch die Lande zu ziehen und kein festes Dach über dem Kopf zu haben. Wahrscheinlich will er sein ganzes Geld alleine genießen und sogar noch meinen Hungerlohn sparen. Das Haus soll ich räumen? Bitte schön! Das hat er nicht umsonst gesagt. Ich stelle sein ganzes Hab und Gut auf die Straße, genauso wie er mich auf die Straße setzt.

Ein Gedicht gestaltend vortragen

Seite 29

1 b Das Gedicht beschreibt die Situation vor, während und nach einem Gewitter.
c Die passenden Begriffe sind: laut, bedrohlich, aufregend, ruhig, erleichtert.

2 a + b Das nicht in Strophen unterteilte Gedicht sollte insgesamt zügig vorgetragen werden, denn das Gewitter braut sich schnell zusammen und es passiert vieles fast gleichzeitig. Sinnvoll sind einige kurze Pausen, um Spannung aufzubauen. Mit Hilfe von Lautstärke-Zeichen können der Lärm bzw. die wieder eintretende Ruhe verdeutlicht werden.
Die zwei einleitenden Verse „Der Himmel ist blau / Der Himmel wird grau" (Z. 1 f.) werden am Ende des Gedichts fast wortgleich in umgekehrter Reihenfolge wiederholt: „Himmel noch grau / Himmel bald blau" (Z. 25 f.). Diese zwei Verspaare bringen jeweils in sich den Umschlag des Wetters zum Ausdruck und markieren darin Anfang und Ende des beschriebenen Naturschauspiels. Sie sollten jeweils besonders betont werden, z. B. indem zwischen den Versen jeweils eine Pause gesetzt wird.

Darüber hinaus sind die folgenden sparsamen Markierungen möglich:

Erwin Moser

Gewitter

Der Himmel ist blau |
Der Himmel wird grau
Wind fegt herbei
Vogelgeschrei
Wolken fast schwarz
Lauf, weiße Katz! |
Blitz durch die Stille |
Donnergebrülle |
Zwei Tropfen im Staub
Dann Prasseln auf Laub |
Regenwand
Verschwommenes Land |
Blitze tollen
Donner rollen
Es plitschert und platscht
Es trommelt und klatscht
Es rauscht und klopft
Es braust und tropft
Eine Stunde lang
Herrlich bang |
Dann Donner schon fern
Kaum noch zu hör'n |
Regen ganz fein
Luft frisch und rein
Himmel noch grau |
Himmel bald blau!

Was kannst du schon? – Grammatik

Seite 30

1 größer – klein – winzig = Adjektive
der – eine – das = Artikel
Flug – Stern – Landung = Nomen
schwimmt – rennen – starten = Verben
mir – du – ihre = Pronomen
Hinweis zur Bewertung: Für jede richtige Wortartenbeschriftung bekommst du 1 Punkt.
Du kannst also insgesamt 5 Punkte erreichen.

2 Die richtigen Singularformen lauten: der Stern; das Raumschiff; die Reise; die Erfindung
Hinweis zur Bewertung: Für jede richtig gebildete Singularform erhältst du 1 Punkt.
Du kannst also insgesamt 4 Punkte erreichen.

3 a Die folgenden Verben solltest du im Text markiert haben: sahen, rief, zeigte, saß, rannte, konnte.
Hinweis zur Bewertung: Für jede richtig markierte Verbform (im Präteritum) bekommst du 1 Punkt.
Du kannst also insgesamt 6 Punkte erreichen.

b

Verben im Präteritum	**Verben im Infinitiv (Grundform)**
sahen, rief, zeigte, saß, rannte, konnte	sehen, rufen, zeigen, sitzen, rennen, können

Hinweis zur Bewertung: Für jede richtig gebildete Infinitivform bekommst du 1 Punkt.
Du kannst also insgesamt 6 Punkte erreichen.

Seite 31

4 a Das winzige Wesen war das kleinste Lebewesen, das ich je gesehen hatte, aber es sprach lauter als ein Mensch.
Hinweis zur Bewertung: Für jedes Adjektiv, das du in die richtige Tabellenspalte eingeordnet hast (siehe markierte Adjektive), bekommst du 1 Punkt. Du kannst also insgesamt 3 Punkte erreichen.

b

Positiv (Grundform)	**Komparativ** (1. Steigerungsstufe)	**Superlativ** (2. Steigerungsstufe)
winzige	winziger	am winzigsten
klein	kleiner	kleinste
laut	lauter	am lautesten

Hinweis zur Bewertung: Für das Ergänzen der übrigen Adjektivformen erhältst du für jede korrekte Form noch mal 1 Punkt.
Du kannst bei der Aufgabe 4 b also 6 Punkte erreichen.

5 Der Satz A beginnt mit dem Subjekt (Wir).
Das Objekt in Satz B steht im Akkusativ (unsere Sprache).
Der Satz C enthält vier Satzglieder (Mini – erzählte – uns – eine unglaubliche Geschichte).
Nach dem vierten Wort in Satz D fragst du mit: Wem?
Hinweis zur Bewertung: Für jede richtige Antwort bekommst du 1 Punkt.
Du kannst also insgesamt 4 Punkte erreichen.

6 Die Pronomen, die du in die Lücken schreiben musst, sind fett hervorgehoben.

Mini erzählte Lisa und **mir,** dass sie von einem fernen Planeten komme. Auf der Urlaubsreise zum Zwergplaneten Orcus sei **sie** vom Weg abgekommen. „**Mein** Raumschiff wurde plötzlich von einem Sog erfasst und in Richtung Erde geschleudert. So landete **ich** direkt hier vor **eurem/diesem** Haus", berichtete Mini mit aufgeregter Stimme. Sollten **wir** das wirklich glauben?

Hinweis zur Bewertung: Für jedes richtig eingesetzte Pronomen bekommst du 1 Punkt.
Du kannst also insgesamt 6 Punkte erreichen.

7 a Bei den Lösungen der Aufgaben 1 bis 6 (▸ siehe oben) bekommst du jeweils einen Hinweis, wie du die Aufgabe auswerten kannst. Trage bei jeder Aufgabe deine Punktzahl ein.
b Wenn du weniger als die Hälfte der Punkte erreicht hast, bist du bei den Übungen noch unsicher.

Wortarten

Seite 32

1 Diese Nomen solltest du unterstrichen haben: Planeten, Geschöpf, Schreibtisch, Menschen, Erde, Himmelskörper, Leben, Winzling, Kamera, Nase, Bildschirm, Fotos, Zwergenvölker, Planeten.

2 a + b Die | außerirdische | Zwergin | erzählte | mir | eine | Menge | Geschichten, | zum | Beispiel | über | intergalaktische | Reisen | und | fremde | Sprachen | sowie | merkwürdige | Nahrungsmittel.

3 Die markierten Nomen (senkrecht und waagerecht zu lesen) sind in dem Wortgitter versteckt. Sieben davon solltest du markiert haben.

D	K	E	S	O	N	N	E	G	L	A	C	H	A	U	J	A	D	U	M
I	I	R	A	B	E	N	T	E	U	E	R	A	L	T	A	Q	S	H	R
C	S	W	U	R	K	C	O	B	E	R	F	L	Ä	C	H	E	T	R	A
A	T	E	R	O	S	E	R	P	I	N	E	P	L	A	R	I	E	E	N
W	E	L	T	R	A	U	M	M	P	L	A	N	E	T	G	A	N	G	T
L	M	T	W	T	Ü	R	M	Z	W	E	R	G	E	M	O	N	A	T	W

Seite 33

4 a **die** Zeit, **der** Mond, **der** Sport, **der** Regen, **die** Tasche, **die** Maschine, **der** Schirm, **die** Landung
b die Zeitmaschine, die Mondlandung, die Sporttasche, der Regenschirm
c Der Artikel eines zusammengesetzten Nomens richtet sich nach dem zweiten Nomen, dem sogenannten Grundwort.

5 a Die Pluralformen lauten:
die Flüge, die Räder, die Bücher, die Menschen, die Hunde, die Fenster.
b Der Artikel im Nominativ Plural ist vom Genus des Nomens unabhängig und lautet immer „die".

6 Nomen, die nur im Plural vorkommen: die Ferien, die Leute

Seite 34

7 dem Expeditionsteam: Wem? – Dativ
die Forscher: Wer oder was? – Nominativ
das Raumschiff: Wen oder was? – Akkusativ
den Wissenschaftlern: Wem? – Dativ
der Erdlinge: Wessen? – Genitiv
die Erdbewohner: Wen? – Akkusativ

8 Die Artikel, die du zu den Nomen ergänzt haben solltest, sind fett gedruckt:
der Weltraumzwerge, **die** Zwergenschrift, **den** Klang, **der** Worte, **der** Universalübersetzer / **des** Universalübersetzers, **der** Technikerin, **die** Aussprache.

Seite 35

1 a + b Die Personalpronomen, die du in die Lücken eingesetzt haben solltest, sind fett gedruckt. Personalpronomen und Nomen, auf das sich das Personalpronomen bezieht, sind gleich markiert.

Neulich hatte Leo einen lustigen Traum: Soll ich **ihn** erzählen? Leo war unterwegs ins Freibad, als er ein Raumschiff fand. Verlassen stand **es** mitten auf der Straße. Er näherte sich **ihm** vorsichtig. Plötzlich sprangen drei Männer aus dem Flugkörper und gaben Leo einen Schlüssel. Sie baten ihn, mit dem Raumschiff loszufliegen, um einen magischen Ring zu finden. Leo sollte **ihn** im All suchen! „Beeil dich!, riefen **sie** noch und waren plötzlich weg.

2

Meine Träume spielen häufig nicht auf ~~**unsere**~~ Planeten, sondern irgendwo im All.	unserem
Meine Mutter meint, ich schaue zu viel Science-Fiction-Filme. Das würde ~~**meine**~~	meiner
Fantasie schaden. Wie sehen denn eure Träume aus? Unsere Lehrerin hat es	
neulich in ~~**ihren**~~ Traum auf den Mond verschlagen. Ihre Stimmung war am	ihrem
nächsten Morgen nicht gut. Sie meinte, ihr sei dort oben viel zu langweilig gewesen.	
~~**Ihrer**~~ Schüler hätten ihr gefehlt.	Ihre

Seite 36

1 Folgende Adjektive solltest du im Text markiert haben:
kleinen (► Z. 1), grasgrünen (► Z. 2), ältere (► Z. 2), ungewöhnliche (► Z. 4), fleischlosen (► Z. 5), riesengroßen (► Z. 6), blättrigen (► Z. 6), kräftigen (► Z. 7), gemütlichen (► Z. 8–9), besten (► Z. 10), wunderschöne (► Z. 10), braunen (► Z. 12), dicken (► Z. 12), dünne (► Z. 13), hellgrünen (► Z. 14), langen (► Z. 14), stillen (► Z. 15–16), stummen (► Z. 16), lebendigen (► Z. 17), große (► Z. 18).

2 So könnte deine Beschreibung einer furchteinflößenden Floranierin lauten.
Die Adjektive sind im folgenden Text fett gedruckt.

Schon von Weitem sah ich sie: Die unbekannte Floranierin kam mit **schwerfälligen** Schritten auf mich zu. Sofort fielen mir ihre **finsteren** Augen auf, dann bemerkte ich ihre **krallenartigen** Hände. Ihr **hässlicher** Körper war eingehüllt in **schwarze** Gewänder, die bis auf den Boden fielen. Als sie näher kam, blickte ich in ihr **faltiges** Gesicht. Auffallend waren auch ihre **struppigen** Haare. Jetzt stand sie direkt vor mir und ein **scharfer** Geruch stieg mir in die Nase.

3 Individuelle Lösung

Seite 37

1 Die folgenden Vergleiche solltest du so oder so ähnlich aufgelistet haben:

Jeti hat mehr Beine als Flint.	Flint ist älter als Jeti.
Jeti ist schwerer als Flint.	Jeti hat einen größeren Mund als Flint.
Flint ist kleiner als Jeti.	Flint hat weniger Augen als Jeti.

2 Der Elefant ist **schwerer** als der Eisbär, aber **am schwersten** ist der Blauwal.
Das Känguru ist **schneller** als ein Löwe, aber **am schnellsten** ist der Gepard.
Ein Wal kann **lauter** sein als ein Wolf, aber **am lautesten** ist der Pistolenkrebs.

3 Der Steinadler ist im Sturzflug genauso schnell **wie** der Wanderfalke.
Bei den Vögeln sind die Geschwindigkeitsunterschiede viel größer **als** bei den Menschen.
Vögel erreichen Geschwindigkeiten von 320 km/h und sind schneller **als** Landtiere.

Seite 38

1 a

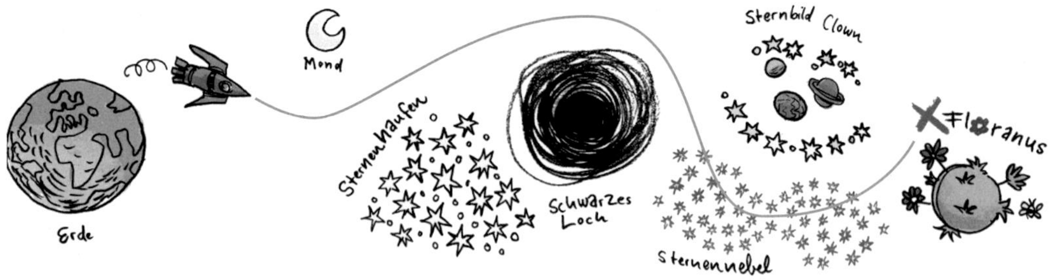

b Die folgenden Präpositionen solltest du im Text markiert haben:
Nach (► Z. 1), **um** (► Z. 1), **mit** (► Z. 1), **von** (► Z. 2), **in** (► Z. 2), **unter** (► Z. 3), **zwischen** (► Z. 4), **vor** (► Z. 5), **Trotz** (► Z. 5), **durch** (► Z. 5), **Aufgrund** (► Z. 6), **mit** (► Z. 6), **im** (► Z. 7), **neben** (► Z. 7), **Ohne** (► Z. 7), **unter** (► Z. 8).

2

örtliche Angabe (Wo? Wohin?)	**zeitliche Angabe** (Wann? Wie lange?)	**Angabe des Grundes** (Warum?)	**Angabe der Art und Weise** (Wie?)
– von (► Z. 2) – in (► Z. 2) – unter (► Z. 3) – zwischen (► Z. 4) – vor (► Z. 5) – durch (► Z. 5) – im (► Z. 7) – neben (► Z. 7) – unter (► Z. 8)	– Nach (► Z. 1) – um (► Z. 1)	– Trotz (► Z. 5) – Aufgrund (► Z. 6)	– mit (► Z. 1) – mit (► Z. 6) – Ohne (► Z. 7)

3 Individuelle Lösung

Seite 39

1 ich lese, du liest, er/sie/es liest, wir lesen, ihr lest, sie lesen
ich vergesse, du vergisst, er/sie/es vergisst, wir vergessen, ihr vergesst, sie vergessen
ich esse, du isst, er/sie/es isst, wir essen, ihr esst, sie essen
ich nehme, du nimmst, er/sie/es nimmt, wir nehmen, ihr nehmt, sie nehmen

2

Infinitiv	**Stamm des Verbs**	**Imperativ Singular**	**Infinitiv**	**Stamm des Verbs**	**Imperativ Plural**
schlafen	schlaf	schlaf!	laufen	lauf	lauft!
bleiben	bleib	bleib!	lesen	lies	lest!
fahren	fahr	fahr!	ziehen	zieh	zieht!

3 So oder so ähnlich könnten deine Aussage- und Imperativsätze lauten:
Die Astronauten landen. Landet vorsichtig!
Wir schreiben ein Diktat. Schreibt sauber!
Ihr dürft euch Kekse nehmen. Nehmt nicht zu viele!
Wir öffnen das Deutschbuch. Öffnet das Buch auf Seite 36!
Heute schlafen wir im Zelt. Schlaft gut!
Die Kinder fahren mit dem Rad. Fahrt vorsichtig!

Wortbildung

Seite 40

1 Die zusammengesetzten Adjektive und Nomen sind im Text markiert:

Schenken Sie sich eine unvergessliche Reise!
Starten Sie vom Planeten Usara aus zu einem wunderschönen Kurztrip durch die Weiten der dritten Galaxie. Unser Raumschiff „Asarix" bietet den Reisenden jeden Komfort: Atmungsaktive Astronautenanzüge, Kabinen mit riesengroßen Fenstern sowie ein buntes Unterhaltungsprogramm mit internationalen Künstlern in Hochform. Buchen Sie noch heute!

2

zusammengesetztes Nomen	Bestimmungs- + Grundwort	Art der Zusammensetzung
ein Kurztrip	kurz + der Trip	Adjektiv + Nomen
das Raumschiff	der Raum + das Schiff	Nomen + Nomen
die Astronautenanzüge	der Astronaut + die Anzüge	Nomen + Nomen
ein Unterhaltungsprogramm	die Unterhaltung + das Programm	Nomen + Nomen
die Hochform	hoch + die Form	Adjektiv + Nomen

zusammengesetztes Adjektiv	Bestimmungs- + Grundwort	Art der Zusammensetzung
wunderschön	das Wunder + schön	Nomen + Adjektiv
atmungsaktiv	die Atmung + aktiv	Nomen + Adjektiv
riesengroß	der Riese + groß	Nomen + Adjektiv

3 Zusammensetzungen mit „Stern" als Bestimmungswort könnten lauten:
sternförmig, Sternwarte, Sternzeichen, Sternbild
Zusammensetzungen mit „Stern" als Grundwort könnten lauten:
Abendstern, Weihnachtsstern, Faltstern, Fixstern

Seite 41

1 **Camp zur Vorbereitung auf die Marsreise**
Nach heutiger Erkenntnis würde ein Flug zum Mars eine gefühlte Ewigkeit dauern. Für eine Reisegesellschaft, die sich diesem Abenteuer stellt, wurden nun Testpersonen gesucht. Neben der Bereitschaft, sich für dieses Projekt bedingungslos einzusetzen, sollten die Bewerber vor allem Gesundheit, Ideenreichtum, Klugheit und die Fähigkeit, sich anzupassen, mitbringen. In der Ausschreibung für das Vorbereitungscamp hieß es weiter, man wolle durch diese Reise testen, wie Menschen das Erlebnis verkraften, 16 Monate lang einer eingeschränkten Bewegungsfreiheit, einer eintönigen Ernährung sowie einem Mangel an natürlicher Helligkeit ausgesetzt zu sein.

2

-ig	-lich	-isch	-sam	-haft	-bar
farbig	vergeblich	grammatisch	sparsam	glaubhaft	vermeidbar
sandig	ärgerlich	modisch	mühsam	beispielhaft	brauchbar
windig	friedlich	tropisch	sorgsam	zauberhaft	dankbar

3 **Auf**zug, **Ab**zug, **Ver**zug, **Um**zug, **Be**zug, **An**zug

Seite 42

Teste dich! Wortarten und Wortbildung

1

Nomen	Verb	Adjektiv	Präposition	Artikel	Pronomen
Raumschiff	gibt	ungewöhnlichen, größter	über, mit, aus	eine, der	sie, Es, mein, unsere

Hinweis zur Bewertung: Für jedes richtig eingeordnete Wort bekommst du 1 Punkt.
Du kannst also insgesamt 13 Punkte erreichen.

2 alle Körper = Nominativ; ihre Schlafsäcke = Akkusativ; des Weltraums = Genitiv;
den Astronauten = Dativ; alle Getränke = Akkusativ
Hinweis zur Bewertung: Für jede richtige Kasusbestimmung bekommst du 1 Punkt.
Du kannst also insgesamt 5 Punkte erreichen.

3 Halte = Imperativ Singular; halten = 3. Person Plural
Hinweis zur Bewertung: Für jede richtige Lösung bekommst du 1 Punkt.
Du kannst also insgesamt 2 Punkte erreichen.

4

	Grundwort	Bestimmungswort	Präfix	Suffix
himmelblau	X			
verhimmeln			X	
Wolkenhimmel		X		
himmlisch				X

Hinweis zur Bewertung: Für jede richtige Lösung bekommst du 1 Punkt.
Du kannst also insgesamt 4 Punkte erreichen.

Die Tempora (Zeitformen) der Verben

Seite 43

1 Folgende Verbformen solltest du im Text markiert haben:
bestaunen (► Z. 1–2), schauen (► Z. 2), sehen (► Z. 4), machen ... aus (► Z. 4), sind (► Z. 5), erkennt (► Z. 8), treibt ... auseinander (► Z. 8), zunehmen (► Z. 9), gibt (► Z. 9), sorgt (► Z. 10), ausdehnt (► Z. 10), heißt (► Z. 10).

2 Astronauten **sehen** sie als blauen Ball. Sie **fliegt** um die Sonne. → **die Erde**
Sie **ist** ein riesengroßer, glühender Gasball. Sie **wärmt** uns. → **die Sonne**
Wir **sehen** sie nur im Dunkeln als kleine Lichtpunkte. → **die Sterne**

3 Morgen besuche ich eine Sternwarte. **(3)**
Sterne sind Kugeln aus leuchtendem Gas. **(2)**
Um die Erde kreist der Mond. **(2)**
Ich schaue in den Sternenhimmel. **(1)**

Seite 44

1 Im folgenden Text sind alle zehn Futurformen unterstrichen.

Weltraumberufe: Was werden Menschen im Jahr 3000 wohl machen?
Heute, im 21. Jahrhundert, untersuchen Geologen den Aufbau und die Geschichte der Erde. Im Jahr 3000 wird es vielleicht Planetologen geben. Sie werden im Weltraum leben. Dort werden sie die Oberfläche und die Landschaft neuer Planeten erforschen. Auch für die Biologen wird es spannende Aufgaben geben, denn sie werden die außerirdische Pflanzenwelt entdecken. Architekten werden riesige Weltraumstädte entwerfen und dort werden Menschen

in schwebenden Wohnungen leben. Die Planung von Spielplätzen wird besonders kniffelig werden. Denn welche Rutsche wird ohne Schwerkraft funktionieren? Aber Hüpfburgen werden sicherlich viel Spaß machen.

2 a Dr. Andromix **wird** neue, unbekannte Galaxien **entdecken.**
Die Mac-Zwillinge **werden** im Weltraumzoo **arbeiten.** Sie **werden** den Besuchern dort Merkur-Männchen und Pluto-Ferkel **zeigen.**
b Individuelle Lösung

3 Mögliche Lösung:
Bald / In 100 Jahren / In naher Zukunft lade ich dich in mein Weltraumrestaurant ein.
Hinweis: Wenn man mit dem Präsens etwas Zukünftiges ausdrücken möchte, verwendet man meist eine Zeitangabe, hier: Bald / In 100 Jahren / In naher Zukunft.

Seite 45

1 Die Verben in der Zeitform Perfekt sind im Text markiert.

Interview mit einem Astrophysiker
Frage: Als Astrophysiker erforschen Sie den Weltraum und untersuchen zum Beispiel die Entstehung der Sterne. Warum sind Sie eigentlich Astrophysiker geworden?
Matthias Grupp: Der Weltraum hat mich schon als Kind begeistert. Mit dem Fernrohr meines Vaters habe ich den Himmel beobachtet und mir viele Fragen gestellt, zum Beispiel: Warum ist eigentlich noch nie ein Stern vom Himmel gefallen? Und natürlich habe ich 1969 die erste Mondlandung im Fernsehen verfolgt.
Frage: Die Mondlandung haben ungefähr 600 Millionen Menschen gesehen, aber die meisten haben dann doch gewöhnliche Berufe wie Bäcker oder Lehrerin gewählt. Sie haben das aber nicht getan. Warum?
Matthias Grupp: Ja, da ist wohl einiges mehr hinzugekommen. In der Schule haben mich die Fragen aus dem Physikunterricht besonders interessiert, zum Beispiel: Warum erscheint der Mond manchmal als Vollmond und manchmal als Sichel? Was ist die Milchstraße? Später habe ich dann Physik und Astrophysik studiert.

2 Die Verben in der Zeitform Perfekt sind im Text markiert.

Frage: Was haben Sie bisher als Astrophysiker erforscht?
Matthias Grupp: Ich habe in den letzten Jahren die Größe, das Alter und die Zusammensetzung von Sternen untersucht. Dafür bin ich vor drei Monaten sogar nach Südamerika geflogen. Denn in der Atacama-Wüste in Chile haben Spezialisten die größten Fernrohre der Welt entwickelt.
Frage: Sind Sie nur wegen der Sterne in die chilenische Wüste gereist?
Matthias Grupp: Ja. Ich habe genau das gemacht. Weil der chilenische Himmel zu den klarsten und dunkelsten der Welt zählt, habe ich dort zusammen mit einem Forschungsteam jede Nacht vor dem Fernrohr gesessen.

Seite 46

1 a + b

Präteritum (Vergangenheitsform)	Präsens (Gegenwartsform)	Infinitiv (Grundform)	regelmäßig	unregelmäßig
er brachte	er bringt	bringen		X
sie las	sie liest	lesen		X
sie trugen	sie tragen	tragen		X
ich fand	ich finde	finden		X
er merkte	er merkt	merken	X	
sie halfen	sie helfen	helfen		X

2 Folgende Verben in der Zeitform Präteritum solltest du eingesetzt haben:
hatte (► Z. 3), sah (► Z. 3), hing (► Z. 4), zog (► Z. 4), entstanden (► Z. 6), nannte (► Z. 6).

Seite 47

1 a A Nachdem der italienische Mathematiker Galileo Galilei von der Erfindung des Fernrohrs gehört hatte **(1),** baute er ein solches Fernrohr nach **(2).**

B Galilei entdeckte die vier größten Monde des Planeten Jupiter **(2),** nachdem er mehrere Wochen lang den Sternenhimmel beobachtet hatte **(1).**

b Der Tipp trifft für beide Sätze zu.

2 Nachdem der Sternenforscher Giovanni Schiaparelli 1877 auf dem Mars lange, dunkle Linien **entdeckt hatte, nannte** man diese Linien Marskanäle und **deutete** sie als Bauwerke von Marsmenschen. Lange glaubte man, dass es Leben auf dem Mars gibt. Von dieser Idee **verabschiedeten** sich die Wissenschaftler erst, nachdem 1965 die US-Sonde „Mariner 4" Fotos vom Mars **gemacht hatte.**

3 A **Nachdem** im Jahr 2016 die Marssonde „Schiaparelli" **abgestürzt war, rätselte** man lange über die Ursachen des Absturzes.

B **Nachdem** sich die Sonde durch einen Computerfehler viel zu früh von ihrem Fallschirm **befreit hatte, stürzte** sie **ab.**

C **Nachdem** die Sonde mit einer Geschwindigkeit von 540 km/h ungebremst auf die Marsoberfläche **gefallen war, zeigten** Bilder die Einschlagstelle der Marssonde.

Seite 48

Teste dich! Die Tempora (Zeitformen) der Verben

1 a Sind Sie auf der Suche nach einem galaktischen Job? Als Planetenbeschützer stoppen Sie die Verunreinigung des Weltraums inklusive unserer Erde. Wie Sie das machen? Sie verhindern bei Weltraumflügen das Mitbringen von Schadstoffen auf die Erde. Und umgekehrt unterbinden Sie den Transport von menschlichen Keimen ins All. Erforderlich für den Beruf ist ein Mathematik- oder Physikstudium.

Hinweis zur Bewertung: Für jede richtige Markierung bekommst du 1 Punkt.
Du kannst also insgesamt 6 Punkte erreichen.

b Der Text steht in der Zeitform **Präsens.**

Hinweis zur Bewertung: Für die Nennung der Zeitform Präsens bekommst du 1 Punkt.

2 Die folgenden Verbformen solltest du in den Text eingesetzt haben:
gibt (Präsens), **las** (Präteritum), **bewarb** (Präteritum), **schrieb** (Präteritum), **habe** ... **gesehen** (Perfekt), **bin** (Präsens), **kann** (Präsens), **unterzeichnete** (Präteritum), **gelesen hatte** (Plusquamperfekt), **verfasste** (Präteritum).
Hinweis zur Bewertung: Für jede richtige Verbform bekommst du 1 Punkt.
Du kannst also insgesamt 10 Punkte erreichen.

3 Vielleicht **wird** Jack später wirklich bei der NASA als Planetenbeschützer **arbeiten.**
Hinweis zur Bewertung: Für die Umformung in die Zeitform Futur bekommst du 1 Punkt.

Satzglieder

Seite 49

1 Einen der folgenden Sätze solltest du formuliert haben:

Das Abenteuer beginnt heute Abend in der alten Garage.
Das Abenteuer beginnt in der alten Garage heute Abend.
Heute Abend beginnt das Abenteuer in der alten Garage.
Heute Abend beginnt in der alten Garage das Abenteuer.
In der alten Garage beginnt heute Abend das Abenteuer.
In der alten Garage beginnt das Abenteuer heute Abend.

2 **a + b** Von den hier aufgelisteten Möglichkeiten solltest du drei notiert haben. Die einzelnen Satzglieder sind umkreist.

Das Abenteuer | beginnt | heute Abend | in der alten Garage.
Das Abenteuer | beginnt | in der alten Garage | heute Abend.
Heute Abend | beginnt | das Abenteuer | in der alten Garage.
Heute Abend | beginnt | in der alten Garage | das Abenteuer.
In der alten Garage | beginnt | heute Abend | das Abenteuer.
In der alten Garage | beginnt | das Abenteuer | heute Abend.

3 C Nach fünf Minuten | entdecken | sie | im Regal | eine Zeitmaschine.
A Paul | wartet | ungeduldig | auf seine Freundin.
B Paul und Louisa | gehen | in die Garage.

Seite 50

1 **a + b** So könnten deine Beispielsätze lauten.
Das **Prädikat** bleibt bei allen Umstellungen an der zweiten Satzgliedstelle.

Paul und Louisa füttern die Zeitmaschine mit Jahr und Ort der Landung.
Die Zeitmaschine füttern Paul und Louisa mit Jahr und Ort der Landung.
Mit Jahr und Ort der Landung füttern Paul und Louisa die Zeitmaschine.

2
- Louisa und Paul sind mit der Zeitmaschine in der Steinzeit angekommen.
- In dieser Zeit stellte man alle Waffen und Werkzeuge aus Stein her.
- In der Steinzeit lebten die Menschen als Bauern und Viehzüchter an einem Ort.
- Die wichtigste Errungenschaft in dieser Zeit war die Entdeckung des Feuers.
- Es diente zum Erhitzen des Essens und als Schutz gegen wilde Tiere.
- In der Steinzeit sind die Menschen nicht einfach zum Arzt gegangen.
- Stattdessen fertigten sie aus Heilkräutern Salben und Tees an.

3 So oder so ähnlich könnten deine Sätze lauten. Die **Personalform des Verbs** ist fett gedruckt, der restliche Teil des Prädikats ist unterstrichen.
Der Formel-1-Favorit **gab** nach der ersten Runde auf.
Der Astronaut **kam** nach einem Jahr aus dem All zurück.

Seite 51

1 Wer oder was steht bei unserer Reise mit der Zeitmaschine ganz oben auf der Liste? → **die Zeit des alten Ägyptens** (Subjekt)
Wer oder was betrieb einen aufwendigen und geheimnisvollen Totenkult? → **die alten Ägypter** (Subjekt)
Wer oder was konnte nur in einem unversehrten Körper weiterleben? → **die Seele eines Menschen** (Subjekt)
Wer oder was mumifizierte die Verstorbenen in einem speziellen Verfahren? → **die Ägypter** (Subjekt)
Wer oder was legte dem Toten für das Leben im Jenseits auch Kleidung, Möbel und Nahrung mit ins Grab?
→ **die Angehörigen** (Subjekt)

2 Wenn das Subjekt im Plural (Mehrzahl) steht, muss auch das Prädikat im Plural stehen. Wenn das Subjekt im Singular (Einzahl) steht, muss auch das Prädikat im Singular (Einzahl) stehen. Die korrigierten **Prädikate** sind fett gedruckt. Die *Subjekte*, nach denen sich die Prädikate richten, sind im folgenden Text kursiv gesetzt:

Warum gab es im alten Ägypten Pyramiden? *Den Ägyptern* ~~war~~ **waren** ihre Könige so wichtig, dass sie ihnen riesige Grabstätten, die Pyramiden, bauten. *Der Weg* zur Grabkammer des Königs ~~führen~~ **führt** durch dunkle Tunnel und geheime Gänge. *Keine Grabräuber* ~~sollte~~ **sollten** die letzte Ruhestätte des Pharaos stören. Deshalb ~~waren~~ **war** auch *der Eingang* zur Pyramide versteckt.

Seite 52

1 ein neues Ziel → **Frage:** Wen oder was suchen sie? **Art des Objekts:** Akkusativobjekt
einem berühmten Genie → **Frage:** Wem würde Paul gerne begegnen? **Art des Objekts:** Dativobjekt
Louisa → **Frage:** Wen oder was lockt Italien? **Art des Objekts:** Akkusativobjekt
Leonardo da Vinci → **Frage:** Wem werden sie einen Besuch abstatten? **Art des Objekts:** Dativobjekt

2 So oder so ähnlich sollten deine Sätze lauten:
- Leonardo da Vinci verrät **den beiden** (Dativobjekt) **seine neuesten Ideen** (Akkusativobjekt).
- Paul wünscht **dem Künstler** (Dativobjekt) **Erfolg** (Akkusativobjekt).
- Der Erfinder schenkt **den Kindern** (Dativobjekt) **eine Skizze der „Mona Lisa“** (Akkusativobjekt).

3 a

Verben mit Dativobjekt	Verben mit Akkusativobjekt
helfen, gehören, glauben, gratulieren	erkennen, begrüßen

b Hier findest du eine Auswahl an Verben, die du in den Kästen ergänzen könntest:

Diese Verben fordern ein Dativobjekt (Frage: Wem ...?)	Diese Verben fordern ein Akkusativobjekt (Frage: Wen oder was ...?)
gefallen, passen, schmecken, antworten, begegnen, danken	hassen, nutzen, riechen, spielen, ansehen, bauen

Seite 53

1
- zu den Wikingern: Fragewort: **Wohin?** → **adverbiale Bestimmung des Ortes**
- wegen ihrer Raubzüge: Fragewort: **Warum? Weshalb?** → **adverbiale Bestimmung des Grundes**
- Zwischen dem 8. und 11. Jahrhundert: Fragewort: **Wann?** → **adverbiale Bestimmung der Zeit**
- mit einer Furcht erregenden Kriegsbemalung: Fragewort: **Wie? Auf welche Weise? Womit?** → **adverbiale Bestimmung der Art und Weise**
- aufgrund seines Namens: Fragewort: **Warum? Weshalb?** → **adverbiale Bestimmung des Grundes**

Seite 54

3 So oder so ähnlich könnte deine Geschichte lauten.
Die **adverbialen Bestimmungen** sind im Text fett gedruckt.

Neugierig verlassen Louisa und Paul ihre Zeitmaschine. Sie blicken sich um und sehen eine steile Gebirgskette, die sich im Meer spiegelt. „Wir befinden uns **im Land der Wikinger**“, ruft Louisa **aufgeregt.** „Und **im Hafen** sehe ich die riesigen Wikingerschiffe.“ Als die beiden **dort** ankommen, hören sie ein lautes, tiefes Gelächter. „Wer seid ihr Winzlinge?“ Ein bärtiger Nordmann baut sich **blitzschnell** vor ihnen auf. Paul und Louisa bleibt **vor lauter Schreck** der Mund offen stehen. „Ho, ho“, dröhnt der Wikingerkönig. „Ich bin Ivan der Knochenlose und ihr sollt meine Gäste sein.“ **Kurze Zeit später** stehen Paul und Louisa **auf dem Deck des Drachenbootes.** Der Wikinger erklärt ihnen, dass die riesigen Segel weder Regen noch Wind durchlassen, weil sie mit Tierfett behandelt sind. „Weht kein Wind, kommen die Ruder zum Einsatz“, erklärt Ivan und zeigt auf die beiden Ruderreihen. „Unsere Schiffe sind **wegen ihrer leichten Bauweise** sehr schnell“, erzählt Ivan **voller Stolz.** Ob die Kinder dem Wikingerkönig **später** ihr Gefährt zeigen sollen? Wird er verstehen, wer sie sind und woher sie kommen?

Seite 55

1 a + b Die Adjektivattribute, die **Genitivattribute**, die präpositionalen Attribute und die Attributsätze sind im Text markiert.

Stadtleben im Mittelalter
In der mittelalterlichen Stadt lebten die Menschen oft in engen Gassen. Die Häuser **der Stadtbewohner** waren sehr dicht aneinandergebaut. Von einem Stockwerk zum nächsten führten Treppen aus Holz, die wir heute eher als Leitern bezeichnen würden. Wertvolle Waren lagerten die Kaufleute auf dem Dachboden, da sie in den feuchten Kellern **der Häuser** schimmlig geworden wären. Weil man die Ware auf den steilen Stiegen nicht nach oben bekommen hätte, zog man sie mit Hilfe von Flaschenzügen an langen Seilen zur offenen Dachluke empor. Kaufleute, die nicht genug Lehrlinge hatten, beschäftigten arme Tagelöhner, die sich täglich neue Arbeit suchen mussten.

2 So könnte dein Satz lauten:
Durch die Attribute wird der Text anschaulicher und genauer, sodass man sich die Dinge besser vorstellen kann.

Seite 56

1 So oder so ähnlich könnten die Satzanfänge gestaltet sein:

Nun wollen Louisa und Paul etwas Neues wagen. Nach ihren spannenden Ausflügen in die Vergangenheit möchten sie eine Reise in die Zukunft antreten. Hierzu müssen Louisa und Paul den Antrieb der Zeitmaschine auf Warpgeschwindigkeit erhöhen. Sie treffen sich nachts in der Garage und basteln gemeinsam an dem neuen Programm für den Bordcomputer. Um 5:45 Uhr empfangen Louisa und Paul das Signal „Warpfaktor 1".

2 a +b Die Wiederholungen im Text sind markiert.
Die Wiederholungen, die ersetzt wurden, findest du in der rechten Randspalte.

Langsam kommt die Maschine zum Stehen. Die beiden steigen ~~**aus der Maschine aus.**~~ Wo sind ~~**die beiden**~~ gelandet? Hier scheint es überhaupt keine Menschen zu	sie
geben. Stattdessen prägen Roboter das Bild. Emsig stiefeln ~~**Roboter**~~ durch die Straßen und das Knacken und Piepen ~~**der Roboter**~~ ersetzt das Geräusch menschlicher Gespräche. Aber es muss doch irgendwo auch jemanden geben, der diese Roboter programmiert? Nach langem Suchen entdecken Louisa und Paul ein großes, rundes	sie
Gebäude voller Menschen. ~~**In dem runden Gebäude**~~ sieht es aus wie im Schlaraffenland. Und selbstverständlich arbeiten auch hier nur die Roboter. In Windeseile	Dort/Hier
liefern ~~**die Roboter**~~ kleine Leckerbissen, ~~**die Roboter**~~ servieren Getränke und ~~**die Roboter**~~ schaukeln Hängematten, in denen die Menschen wie Faultiere herumliegen. Vergeblich suchen Louisa und Paul einen Ort zum Lernen. Plötzlich ent-	sie
decken sie etwas Interessantes: eine Schule für Roboter. ~~**Roboter**~~ scheinen hier auch noch das Lernen zu übernehmen. Wirklich ein wahres Paradies!	Sie

Seite 57

Teste dich! – Satzglieder

1
A Das Subjekt gibt an, **wer oder was etwas tut.**
B Nach dem Akkusativobjekt fragt man mit: **Wen oder was ...?**
C Es gibt adverbiale Bestimmungen **aus einem Wort / aus zwei Wörtern / aus drei Wörtern.**

Hinweis zur Bewertung: Für jede richtige Antwort bekommst du 1 Punkt.
Du kannst also insgesamt 5 Punkte erreichen.

2 – Nach ihrer Zeitreise in die Zukunft: **Fragewort:** Wann? **Satzglied:** adverbiale Bestimmung der Zeit
– den Bordcomputer: **Fragewort:** Wen oder was? **Satzglied:** Akkusativobjekt
– Mit großem Getöse: **Fragewort:** Wie? Auf welche Weise? **Satzglied:** adverbiale Bestimmung der Art und Weise
– Die beiden: **Fragewort:** Wer oder was? **Satzglied:** Subjekt
– Diese Geräusche: **Fragewort:** Wen oder was? **Satzglied:** Akkusativobjekt
Hinweis zur Bewertung: Für jedes richtige Fragewort und jedes richtige Satzglied bekommst du 1 Punkt. Du kannst also insgesamt 10 Punkte erreichen.

3 Die **vorgegebenen Satzglieder,** die du markieren sollst, sind hier fett gedruckt.

Subjekt	Schlagartig kommt **die Maschine** zum Stillstand.
Prädikat	Durch die Fenster **sehen** Louisa und Paul einen Dinosaurier.
Adverbiale Best. der Art und Weise	**Verzweifelt** aktivieren sie die Warpgeschwindigkeit.
Adverbiale Best. der Zeit	**Nach quälenden Sekunden** reisen sie weiter in Richtung Gegenwart.
Akkusativobjekt	Kaum angekommen betätigen sie **den Schleudersitz.**
Adverbiale Best. des Ortes	Mit einem ohrenbetäubenden Knall explodiert **unter ihnen** das Gefährt.

Hinweis zur Bewertung: Für jedes richtig markierte Satzglied bekommst du 1 Punkt. Du kannst also insgesamt 6 Punkte erreichen.

Satzarten unterscheiden

Seite 58

1 a + b **Ferdinand Lutz: Q-R-T – Der neue Nachbar**
– Der Außerirdische Q-R-T sieht wie ein normaler Junge aus, | aber/doch er ist schon 122 Jahre alt.
– Von einem fernen Planeten kommt Q-R-T auf die Erde, | denn er möchte die Menschen und ihr seltsames Verhalten erforschen.
– Mit seinem Haustier Flummi zieht er in eine große Wohnsiedlung, | denn dort leben genügend „Studienobjekte“.
– Flummi ist nicht nur tollpatschig, | sondern er kann auch jede beliebige Gestalt annehmen.
– Flummi begleitet Q-R-T bei seinen Abenteuern(,) | und er rettet den Alienjungen immer wieder aus brenzligen Situationen.
– Argwöhnisch beobachten die Nachbarn Q-R-T, | aber/doch zum Glück halten die Erdlinge ihn nur für ein sehr merkwürdiges Kind.
Hinweis: Vor den Konjunktionen *und* bzw. *oder* darf das Komma wegfallen.

3 Die Satzreihe besteht aus **fünf** Hauptsätzen.

Seite 59

1 Die Konjunktionen und die Personalform des Verbs (das gebeugte Verb) sind eingerahmt, der Nebensatz ist unterstrichen.

Wir befinden uns im Jahr 2811. Zum ersten Mal treffen sich die Fußballmannschaften verschiedener Planeten, weil auf der Erde eine galaktische Weltmeisterschaft stattfindet. Und dabei entstehen natürlich gewisse Probleme, da zum Beispiel die fünfbeinigen Kicker vom Planeten Klardemox unschlagbar sind. Ich habe bei diesem Buch immer wieder laut gelacht, obwohl ich gar kein richtiger Fußballfan bin. Nachdem ich die ersten Seiten gelesen hatte, konnte ich das Buch einfach nicht mehr aus der Hand legen. Wenn ihr Fußball- oder Alienfans seid, empfehle ich euch dieses Buch.

2 Die Konjunktionen, die die Nebensätze einleiten, und die Personalform des Verbs, die im Nebensatz am Ende steht, sind eingekreist.

n	Die Geschichte von der ersten intergalaktischen Fußballweltmeisterschaft beginnt im Jahr 2811, (als) das Raumschiff „Argus" auf dem Planeten Klardemox (landet).
v	(Obwohl) die Fortschritte in der Raumfahrttechnik sogar Kurzurlaube am anderen Ende der Milchstraße (ermöglichen), ist der Planet Klardemox den Erdlingen bisher noch unbekannt.
n	Die Klardemoxianer wundern sich über das Aussehen der Erdbewohner, (da) sie selbst fünf Beine und drei Arme (haben).
n	Und natürlich sind die Klardemoxianer Meister im Fußballspielen, (nachdem) sie 3000 Jahre lang mit fünf Beinen und drei Armen trainiert (haben).

Seite 60

3
- Die Erdlinge stellten den Klardemoxianern viele Fragen, **weil** sie etwas über die Lebensweise dieser fünfbeinigen Außerirdischen erfahren wollten.
- **Während** die Außerirdischen von ihrer Fußballmannschaft und ihren Abseitsregeln beim Interview schwärmen, leuchten ihre Augen.
- Die Klardemoxianer besiegen bei den Fußballspielen natürlich alle Mannschaften, **da** sie zum Kicken fünf Beine haben.

4 ~~**Obwohl**~~ (Weil) plötzlich alle Lust zum Fußballspielen haben, machen sie sich auf den Weg zum Fußballstadion. Als Fußballfeld müssen die Klardemoxianer einen steinigen Meteoritenkrater nutzen, ~~**nachdem**~~ (obwohl) die Außerirdischen gern einen weichen Fußballrasen hätten.
~~**Weil**~~ (Nachdem) die Erdlinge die Fußballgewohnheiten auf dem Planeten Klardemox kennengelernt haben, reisen sie mit ihrem Raumschiff zu anderen Fußballplaneten.

5 B
———— Hs ————.
———— Ns ————,

C ———— Hs ————,
———— Ns ————.

Seite 61

Teste dich! Satzreihe und Satzgefüge

1 a Satzreihe: A, B
Satzgefüge: C
Hinweis zur Bewertung: Für jede richtige Zuordnung bekommst du 2 Punkte.
Du kannst also insgesamt 6 Punkte erreichen.

b Konjunktionen findest du in den Sätzen B und C. Sie sind hier fett gedruckt. (Der Satz A enthält keine Konjunktion.)
B Auf der Erde gibt es Sauerstoff, Wasser und relativ angenehme Temperaturen, **aber** im sauerstofflosen Weltraum ist es mit minus 270 Grad unglaublich kalt.
C Der Mensch kann also nur im Weltraum leben, **wenn** er sich mit Hilfe komplizierter Technik eine Umgebung wie auf der Erde schafft.
Hinweis zur Bewertung: Für jede richtig markierte Konjunktion bekommst du 1 Punkt.
Du kannst also insgesamt 2 Punkte erreichen.

2 Der folgende Satzbauplan (der zweite) passt zum vorgegebenen Satz:
———— Hs ————.
———— Ns ————,
Hinweis zur Bewertung: Für den richtigen Satzbauplan bekommst du 1 Punkt.

3 Der Astronaut Alexander Gerst landete im November 2014 wieder sicher auf der Erde,
~~da~~ nachdem er fast 166 Tage im All verbracht hatte.
Im Jahr 2018 startete er zur nächsten Weltraummission,
~~obwohl~~ weil ihm das Leben und Forschen im Weltraum gut gefallen hatte.
Hinweis zur Bewertung: Für jede korrigierte Konjunktion bekommst du 1 Punkt.
Du kannst also insgesamt 2 Punkte erreichen.

Was kannst du schon? – Rechtschreibung

Seite 62

1 Vo|gel|nest Laub|hau|fen Bie|nen|stock Hun|de|hüt|te
Hinweis: Für jedes richtig getrennte Wort mit Silbenbögen erhältst du 2 Punkte.
Du kannst also insgesamt 8 Punkte erreichen.

2 Bank – Bänke, Brot – Brote, Sieb – Siebe, Kalb – Kälber, Mond – Monde, Hund – Hunde
Hinweis: Für jede korrekte Verlängerung und jede richtige Endung im Singular erhältst du 1 Punkt.
Du kannst also insgesamt 10 Punkte erreichen.

3 waschen – Wäsche, Arm – Ärmel, fahren – Fähre, Naht – nähen, bauen – Gebäude, Wahl – wählen, schaden – schädlich
Das Wort **„Feuer“** bleibt übrig.
Hinweis: Für jede richtige Ergänzung und für das übrig bleibende Wort erhältst du 1 Punkt.
Du kannst also insgesamt 8 Punkte erreichen.

4 1 = Ahmed, 2 = Carsten, 3 = Clara, 4 = Jochen, 5 = Johannes, 6 = Karine, 7 = Lea, 8 = Lena , 9 = Narek, 10 = Özge, 11 = Uwe
Hinweis: Für jeden richtig eingeordneten Namen erhältst du 1 Punkt.
Du kannst also insgesamt 10 Punkte erreichen.

5 **Wörter mit Doppelkonsonanten:** Donner, Gewitter, trommeln, sonnig, Sommer, Welle, fallen
Wörter mit einfachem Konsonanten: Nebel, Regen, Wagen, einfach
Hinweis: Für jedes richtig eingeordnete Wort erhältst du 1 Punkt. Du kannst also insgesamt 10 Punkte erreichen.

6 Maß, Messgerät, weiß, Füße, größer, es, ist, passen
Hinweis: Für jeden korrekten *s*-Laut erhältst du 1 Punkt. Du kannst also insgesamt 8 Punkte erreichen.

Seite 63

7 Igel, Fisch, Ziege, Tiger, Schimpanse, Giraffe, viele, lieben, Tiere, sich, ihnen
Hinweis: Für jedes korrekt ergänzte Wort erhältst du 1 Punkt. Du kannst also insgesamt 11 Punkte erreichen.

8 Kühe | muhen | Schafe | blöken | Hähne | krähen | Pferde | wiehern | Esel | schreien
Hinweis: Für jedes richtig geschriebene Wort erhältst du 1 Punkt. Du kannst also insgesamt 10 Punkte erreichen.

9 Herbst, Anmarsch, Blätter, Bäumen, Igel, Garten, Leute, Heizung, Fenster, Feuer, Kaminofen, Dunkelheit, Kälte, Jahreszeit
Hinweis: Für jedes richtige verbesserte Wort erhältst du 1 Punkt. Du kannst also insgesamt 14 Punkte erreichen.

10 Viele Kinder mögen den Winter und den Schnee. Sie können dann endlich Schneemänner und Iglus bauen, Schneeballschlachten machen, Schlitten fahren oder sogar auf ihren Skiern die Berge heruntersausen.
Hinweis: Für jedes richtig gesetzte Komma erhältst du 1 Punkt. Du kannst also insgesamt 2 Punkte erreichen.

11 „Traust du dich, mit der Achterbahn zu fahren?“, fragt Jan auf dem Rummelplatz. „Klar“, sagt Max, „wieso denn nicht?“
„Dann komm“, ruft Jan laut, „wir nehmen die große Achterbahn mit den drei Loopings.“
Hinweis: Für jedes korrekte Anführungszeichen erhältst du 1 Punkt. Du kannst also insgesamt 10 Punkte erreichen.

Strategien zum Rechtschreiben

Seite 64

1 b + c Müs li schäl chen, Bu chen holz, Lieb lings be cher, Scho ko la den ni ko laus

2 Su | per | markt, Bröt | chen, Fisch | ge | schäft,
Nasch | wa | ren | ab | tei | lung, Würst | chen | bu | de, Ge | mü | se | la | den,
Ki | osk, Bre | zel | ver | käu | fer, Eis | sa | lon, Kon | di | to | rei

3 a + b Streu sel ku chen, Ba na nen milch, Mar ga ri ne

Seite 65

1 **Nomen-Verlängerungsmaschine:** das Hemd – die Hemden, das Geld – die Gelder, das Band – die Bänder, der Flug – die Flüge
Adjektiv-Verlängerungsmaschine: klug – klüger, bunt – bunter, windig – windiger, fremd – fremder

2 a + b Stellen, an denen man *leicht Fehler* macht, sind kursiv gedruckt. Stellen, an denen man die **richtige Schreibung** erkennt, sind fett gedruckt:

flie**g**en – sie flie*g*t – er flo*g* – wir flo**g**en
tra**g**en – sie trä*g*t – er tru*g* – wir tru**g**en

he**b**en – sie he*b*t – er ho*b* – wir ho**b**en
hal**t**en – sie häl*t* – er hiel*t* – wir hiel**t**en

3 Gestern war der Mond noch rund und schien kräftig. Heute Abend haben sich Nebel über ihn gelegt.

Seite 66

1 en?/los – Ende – endlos; Erle?/nis – erleben – Erlebnis

2 **Leonie:** Trinkflasche, Windböe, Liebling, Landkarte, Halbzeit, Mondkalender, Gesundheit, Spukschloss
→ **Lieblingstier: Hase**
Jan: Rekordversuch, Windhund, vorsorglich, Sandkasten, Hupkonzert, Denkzettel, haltlos, Zeltlager
→ **Lieblingstier: Schlange**

3 Berge + Wände = Bergwand

Seite 67

1 kämpfen (Kampf), das Geschenk, träumen (Traum), die Kräfte (Kraft), jährlich (Jahr), lenken, die Blätter (Blatt), die Freude, der Händler (handeln), das Feuer, wählen (Wahl), die Gänse (Gans)

2 **Glühwürmchen – Käfer, die nicht glühen**
In warmen **Sommernächten** kann man in **Wäldern** und **Gärten unzählige** Glühwürmchen beobachten, die **leuchtend** durch die Luft fliegen. Der Name ist allerdings irreführend. Glühwürmchen sind nämlich gar keine Würmer, sondern Käfer. Sie glühen auch nicht, denn sie **werden** nicht heiß, sondern **leuchten** nur. Dafür besitzen sie ein eigenes Organ, das dieses Licht **erzeugt. Häufig leuchten** nur die Weibchen. Sie möchten damit während der **Abendstunden** die **Männchen** auf sich **aufmerksam** machen.

3 nämlich, Käfer, während

Seite 68

1 a CD, XY, FG, TU, UV, QR, JK
b UV, GH, AB, WX, KL, OP, EF

2 Erdbeere, Erdbeereis, Erdbeerjoghurt, Erdbeerkuchen, Erdbeerquark, Erdbeertorte

3 a Artikel: die; Pluralformen: *-s*, Pizzen, Pizze
b die Pizzas, die Pizzen, die Pizze

4 a der, die, das
b Zwiebäcke, Zwiebacke

Seite 69

Teste dich! – Strategien zum Rechtschreiben

1

	Flughunde	klebt	Silbensalat	Fremdwort	Mäuse	kalt
Schwingen	☐	☐	☒	☐	☐	☐
Verlängern	☐	☒	☐	☐	☐	☒
Zerlegen + Verlängern	☒	☐	☐	☒	☐	☐
Ableiten	☐	☐	☐	☐	☒	☐

Hinweis: Für jedes richtig gesetzte Kreuz erhältst du 1 Punkt. Du kannst also insgesamt 6 Punkte erreichen.

2 Per so nen zug ab teil, Fer tig bau sät ze, Pla ne ten um lauf bahn, Grün pflan zen kü bel
Hinweis: Für jedes richtig in Silben geschriebene Wort erhältst du 1 Punkt.
Du kannst also insgesamt 4 Punkte erreichen.

3 a + b Liedtext (Zerlegen + Verlängern)
Rathaus (Zerlegen + Verlängern)
Neuigkeit (Ableiten)
Flugzeug (Zerlegen + Verlängern)
aufräumen (Ableiten)
Hinweis: Für jedes richtig geschriebene Wort und für jedes richtig gesetzte Kreuz erhältst du 1 Punkt.
Du kannst also insgesamt 10 Punkte erreichen.

Regeln zum Rechtschreiben

Seite 70

1 **Die erste Silbe des Wortes endet mit einem Vokal:**
ru fen, Pa pa gei, Ra be, Pe li kan, Kra nich, Ha bicht, Fa san

Die erste Silbe des Wortes endet mit einem Umlaut:
Vö gel, flö ten, Mö we

Die erste Silbe des Wortes endet mit einem Doppellaut:
Tau be, Mei se, pfei fen, schrei en, Eu le, krei schen

2 a + b

	Die erste Silbe endet mit einem ... Vokal	Umlaut	Doppellaut	Konsonanten	Die erste Silbe ist ...
Som mer	☐	☐	☐	☒	geschlossen
herr lich	☐	☐	☐	☒	geschlossen
Wei de	☐	☐	☒	☐	offen
san dig	☐	☐	☐	☒	geschlossen
Fe ri en	☒	☐	☐	☐	offen
mü de	☐	☒	☐	☐	offen
Grä ser	☐	☒	☐	☐	offen

Seite 71

1

-ne	-mer	-tern	-le	-men
die Kan ne	die Kam mer	klet tern	die Bril le	sum men
die Ton ne	die Num mer	schmet tern	die Zel le	schwim men
die Wan ne	der Som mer	schnat tern	die Ril le	ram men
die Son ne	im mer	rat tern	der Bul le	kom men

2 Gerne würde ich einmal bis zu den Knien durch Wa**tt**e wa**t**en.
Der Ra**b**e fliegt, die Kra**bb**e läuft.
Der Wa**l** kann den Ba**ll** in die Luft schleudern.

Seite 72

3 Wörter mit **zwei verschiedenen Konsonanten** an der Silbengrenze: der Man tel, die Hän de, der Gür tel, die Schul ter
Wörter mit **Doppelkonsonant:** of fen, die Wol le, bib bern, in nen, die Schnal le, der Af fe

4 a + b

nicht sauber			S	C	H	M	U	T	Z	I	G
etwas verwenden					N	U	T	Z	E	N	
verraten, wer es gewesen ist					P	E	T	Z	E	N	
kaputtgehen (Luftballon)			P	L	A	T	Z	E	N		
Wasserlache auf der Straße	P	F	U	E	T	Z	E				
Eile, Stress		H	E	T	Z	E					

5 a + b

männliche Ziege							B	O	C	K		
hinterer Teil des Halses						N	A	C	K	E	N	
viele Blätter zum Schreiben				B	L	O	C	K				
nicht dünn				D	I	C	K					
Turngerät						R	E	C	K			
sich beklagen	M	E	C	K	E	R	N					

6 Dü?bre?bohrer: dün ner, die Bret ter = Dünnbrettbohrer
Ma?wer?sta?: mal en, die Wer ke, die Stät te = die Malwerkstatt

Seite 73

1 b

Prei se, bla sen, ei sig,
Krei se, le sen, sau sen

Stra ße, Fü ße, hei ßen, drau ßen,
Grö ße, au ßer dem

2 b

erste Silbe → offen / geschlossen

offen → summendes s / zischendes s

summendes s	zischendes s	geschlossen
Reise	fleißig	küssen
rosig	dreißig	Schlösser
Gase	Süßes	wissen
gruseln	Flöße	Masse
Wiese		pressen

Seite 74

3 a + b das Gras: die Gräser; grasgrün; der Grashüpfer
die Maus: die Mäuse; mausgrau; der Mausklick
der Fels: die Felsen; der Felsbrocken; die Felsspalte
er bläst: blasen; das Blasorchester; das Blasrohr
vereist: vereisen; eisglatt; die Eisdiele
er liest: lesen; die Lesart; die Lesbarkeit

4 das Floß – die Flöße, schneeweiß – weißer, sie speist – speisen, der Ausweis – die Ausweise, der Fuß – die Füße, das Glas – die Gläser, er rast – rasen, der Gruß – die Grüße, sie schießt – schießen, er döst – dösen

5 a Als ich morgens aus dem Haus gehen wollte, regnete es, als wolle es niemals mehr aufhören. Es blieb mir nichts anderes übrig, als zu warten, bis es etwas besser geworden war. Als ich abends wieder zurückkam, war aber bereits alles wieder trocken. Anderntags konnte ich ohne Schirm unterwegs sein.
b Haus → die Häu ser

6 individuelle Lösung

Seite 75

1 a + b

der Regenguss	gießen
der Hundebiss	beißen
das Maßband	messen
der Riss im Kleid	reißen
der Fluss	fließen
der Genuss	genießen
der Ladenschluss	schließen

2 a + b Wir vergaßen, aufzuschreiben, was wir nicht vergessen wollten. **B**
Wenn das Wasser hinuntergeflossen ist, fließt es nicht mehr hinauf. **A**

3 So könnten deine Beispielsätze lauten:
messen: Letztes Jahr maßen die Kinder gut 1,65 Meter, nun können wir messen, ob sie uns schon über den Kopf gewachsen sind.
lassen: Gestern ließen wir unseren Regenschirm liegen, aber heute lassen wir nichts liegen!
sprießen: Wenn diesen Frühling so viele Blumen sprießen, wie im letzten Jahr gesprossen sind, wird der Garten wieder wunderschön.

Seite 76

1 a

G	I	T	T	E	R	Q	W	D	O	U	L	X	J	B	A	B	I	R	T
C	V	B	Y	T	R	E	G	I	E	R	I	G	R	I	P	R	F	I	G
G	R	I	F	F	E	C	V	B	Z	T	E	R	E	T	W	I	Q	E	A
L	I	N	N	C	M	I	L	C	H	I	G	X	R	T	N	E	M	C	G
W	E	Z	Z	T	R	E	J	B	N	U	E	O	A	E	V	F	V	H	A
P	S	O	K	I	N	D	E	R	R	O	N	P	F	L	I	E	D	E	R
R	E	Z	O	L	B	V	T	R	E	P	X	M	I	N	Z	E	Q	N	O

b **Wörter mit *i* (geschlossene Silbe):** Git ter, Grif fe, mil chig, Kin der, Bit te, Min ze
Wörter mit *ie* (offene Silbe): Rie se, gie rig, lie gen, Brie fe, Lie der, rie chen

2

Infinitiv	3. Person Plural Präteritum	3. Person Singular Präteritum
schlafen	sie schliefen	er schlief
raten	sie rieten	sie riet
laufen	sie liefen	er lief
bleiben	sie blieben	sie blieb

Seite 77

3 a ge schrie ben (Vers 2); wie der sehn (Vers 6)
b Brief (Vers 2) → Brie fe; liegt (Vers 8) → lie gen
c der Wil le; wil lig
d mir (Vers 2 + 8); dir (Vers 8 + 12)

4

große, gestreifte Raubkatze			T	I	G	E	R				
Tier mit sehr langem Hals			G	I	R	A	F	F	E		
dünnes Insekt mit vier langen Flügeln			L	I	B	E	L	L	E		
Nagetier, das Dämme baut			B	I	B	E	R				
stacheliges Tier				I	G	E	L				
Verwandter des Hasen	K	A	N	I	N	C	H	E	N		

5 In der Kantine gibt es heute Margarinebrote und Apfelsinen in Gelatine – brrr!
Sonderfall: Die Endung ***-ine*** wird mit einfachem ***i*** geschrieben, obwohl das ***i*** lang gesprochen wird und in einer offenen Silbe steht. Weitere Wörter mit dieser Endung sind z. B.: *Maschine, Routine, Turbine, Mandarine, Gardine.*

Seite 78

1

silbenöffnendes *h*	Merkwort mit *h*
mä hen, dre hen, nä hen, dro hen, Flö he, ge hen	boh ren, Sah ne, zäh men, Stüh le, Zah len

2 Am Wald ste hen Re he.
In den Schu hen drücken die Ze hen.

3

Infinitiv	1. Person Singular Präsens	3. Person Plural Präsens	3. Person Singular Präteritum
glühen	ich glühe	sie glühen	er/sie glühte
ruhen	ich ruhe	sie ruhen	er/sie ruhte
mähen	ich mähe	sie mähen	er/sie mähte
sehen	ich sehe	sie sehen	er/sie sah

Seite 79

4 **a + b** Die folgenden verwandten Wörter könntest du zum Beispiel gefunden haben:

zahn	steh	uhr
→ Merkwort mit *h*	→ silbenöffnendes *h*	→ Merkwort mit *h*
zahnen	stehen	Uhren
Zahnärztin	anstehen	Uhrmacher
Weisheitszahn	Stehtisch	Stoppuhr
Zahnbürste	beistehen	Schuluhr
Zahnpasta	Stehcafé	Armbanduhr

5 ***-hl:*** Zahl, befehlen, Kehle, Stuhl, Stahl, strahlen
-hm: zähmen, nehmen, Rahmen, Lehm, lahmen
-hn: ähnlich, Mähne, gähnen, Kahn, anbahnen, Huhn, Hahn
-hr: Ohr, verwahren, ehren, ehrlich, bohren, gefährlich

Seite 80

1 1 = Erdbeere, 2 = Aal, 3 = Teebeutel, 4 = Meer, 5 = Waage, 6 = Schneemann, 7 = Boot, 8 = Fee, 9 = See, 10 = Kaffeetasse
Lösungswort: Blumenbeet

2 Seeräuber, Haarbürste, Zootiere, Blaubeere, Kleeblatt, Aasgeier

3 Seele, doof, Idee, Püree, Staat, Tee, Allee

Seite 81

1 **b** **gesprochen wie *f*:** brav, bevor, Vater, Veilchen, vielleicht, Volk, Vieh, vier, Vers
gesprochen wie *w*: Klavier, Pulver, Vase, violett, Violine

2 **ver-:** verbieten, versuchen, verbinden, verfallen, verlaufen, vergeben, verfahren, verbringen, verlassen, verbrauchen, verschreiben
vor-: vorfallen, vorlaufen, vorgeben, vorfahren, vorbringen, vorlassen, vorschreiben

3 der November, der Advent, tief, das Gewitter, voll, die Pfeife, faul, die Kurve, die Villa, das Gewehr, schief, der Pullover, fertig

Seite 82

1 sagen → du sagst; fliegen → du fliegst; lenken → du lenkst; wecken → du weckst mich; die Nachmittage → nachmittags

2 Max, Axt, Felix, mixen, Explosion, Text, Mexiko, Luxus, Taxi, exotisch

3 der Lachs, der Dachs, die Echse, der Ochse, der Fuchs, der Luchs

4 hexen, die Büchse, der Experte, die Sachsen, die Box, die Praxis

Seite 83

Teste dich! – Regeln zum Rechtschreiben anwenden

1 a **Richtig** sind die Aussagen **A, D** und **E. Falsch** sind die Aussagen **B** und **C.**
b **Regel B:** Doppelkonsonanten schreibt man nur, wenn die erste Silbe geschlossen ist.
Regel C: Folgt auf eine offene Silbe ein gesummtes *s*, schreibt man *s*.
Hinweis: Für jedes richtig gesetzte Kreuz und für jede richtig verbesserte Regel erhältst du 1 Punkt.
Du kannst also insgesamt 7 Punkte erreichen.

2 a + b

	schminken	ihnen	Spiegelei	Glitzer	schmierig	wir
Die erste Silbe ist geschlossen.	X			X		
Die erste Silbe ist offen.			X		X	
Es handelt sich um ein Merkwort.		X				X

Hinweis: Für jeden richtig eingesetzten Buchstaben und für jedes richtig gesetzte Kreuz erhältst du 1 Punkt.
Du kannst also insgesamt 12 Punkte erreichen.

3 die Wüste, die Veranda, fertig, verstehen, das Wunder
Hinweis: Für jeden richtig eingesetzten Buchstaben erhältst du 1 Punkt.
Du kannst also insgesamt 5 Punkte erreichen.

4 du denkst, das Taxi, längst, das Wachs, du backst
Hinweis: Für jeden richtig eingesetzten Buchstaben erhältst du 1 Punkt.
Du kannst also insgesamt 5 Punkte erreichen.

Groß- und Kleinschreibung

Seite 84

1 die Bescheidenheit, die Beschäftigung, das Geheimnis, die Lehrerin, die Sicherheit, das Wachstum, die Eitelkeit, die Versteigerung, der Irrtum, die Gleichheit, der Reichtum, die Ärztin, die Feindschaft, die Beleidigung, das Ergebnis, die Dunkelheit, das Zeugnis, die Frechheit, die Krankheit

2 die Erfahrung, die Schwierigkeit, die Erzählung, die Gesundheit, die Führung, die Höflichkeit, die Bereitschaft, die Leistung, die Heiterkeit

Seite 85

3 Satzanfänge sind unterstrichen, **Nomen** fett gedruckt und Namen grau markiert.

Habt ihr schon einmal gesehen, dass ein **Tierbesitzer** ein **Kaninchen** oder ein kleines **Hausschwein** für einen **Ausflug** an die **Leine** nimmt? Man kann sogar noch ungewöhnlicheren **Tieren** beim **Spaziergang** mit ihren **Besitzern** begegnen: Ein japanischer **Herr** geht täglich mit seiner **Riesenschildkröte** spazieren und sorgt so in Tokio für großes **Aufsehen.** Und die **Australierin** Vicky Lowing sieht man oft in **Begleitung** ihres **Krokodils** Johnie. Die beiden haben ein sehr gutes **Verhältnis.** **Hunde** laufen nicht braver an der **Leine.**

4 Diese Nomen könntest du zum Beispiel notiert haben:
Nomen mit Artikeln: ein Tierbesitzer, ein Kaninchen, die Australierin
Nomen mit Präpositionen: beim Spaziergang, in Tokio
Nomen mit Pronomen: ihren Besitzern, seiner Riesenschildkröte, ihres Krokodils
Nomen mit Adjektiven: kleines Hausschwein, ungewöhnlicheren Tieren, ein japanischer Herr, großes Aufsehen, gutes Verhältnis

5 die aufmerksamen Hunde

Seite 86

6 Die neun gesuchten Nomen sind unterstrichen:
auf dem Tisch, mein kleiner Hund, mein spannendes Buch, die leckere Pizza, mit viel Gefühl, die große Freude, ein schönes Spiel, ein kalter Wind, die schnelle Fahrt

7 a + b + c Satzanfänge sind unterstrichen, **Nomen** sind fett gedruckt:

Die gewaltige **Elefantendame Maja** trabt häufig durch die **Straßen** von **Berlin.** Sie arbeitet im **Zirkus** und wird von ihrem **Trainer** täglich zu einer **Wiese** geführt. Der **Trainer** hat nur einen kleinen **Elefantenstock** bei sich, denn **Maja** folgt ihm aufs **Wort.** Sie ist eben eine sehr kluge **Dame.** Für ein **Zootier** ist **Beschäftigung** außerdem sehr wichtig. **Maja** empfindet den täglichen **Spaziergang** als willkommene **Abwechslung** von ihrem **Zirkusalltag.** Für die **Berliner** ist die **Begegnung** mit **Maja** ein nettes **Erlebnis.**

8 die Beschäftigung, die Abwechslung, die Begegnung, das Erlebnis

Zeichensetzung

Seite 87

1 a + b + c Aufzählungen sind unterstrichen, **Konjunktionen** fett gedruckt:

Wir Menschen werden schwarz vor Ärger, rot vor Wut **oder** gelb vor Neid. Aber das ist nichts im Vergleich zum Chamäleon: Es färbt sich je nach Anlass schwarz, grau, braun, grün, gelb, rot, türkis, blau **und** sogar bunt. Die Farben dienen **sowohl** zum Anlocken eines Partners **als auch** zur Tarnung. Bei Gefahr nehmen sie z. B. die Farbe von Blättern, Baumrinde **oder** Steinen an. Schuppen am Rücken, Zacken am Kinn **sowie** eine Art Ritterhelm auf dem Kopf lassen die Tiere wie kleine Drachen aussehen.

2 a + b So lautet der Text mit korrekter Kommasetzung:

Kamele gibt es sowohl mit einem Höcker als auch mit zwei Höckern. Das Dromedar hat einen Höcker, das Trampeltier zwei Höcker. Beide Kamelarten können auf ihren Wanderungen durch trockene Steppen, Halbwüsten und Wüsten lange Zeit auf frisches Wasser und neue Nahrung verzichten. Kamele sind nämlich Meister in der Vorratshaltung. Sie können Wasser und Nahrung sowohl in großer Menge aufnehmen als auch speichern. Ihre Höcker dienen ihnen dabei sozusagen als Vorratsspeicher oder Speisekammer. Der gespeicherte Fettvorrat versorgt sie mit der nötigen Kraft und Energie für ihre Aufgaben als Reittiere oder Lasttiere.

Seite 88

1 Leon behauptet: „Tiere sind doch die besseren Sportler."
„Tiere sind doch die besseren Sportler", behauptet Leon.
„Tiere", behauptet Leon, „sind doch die besseren Sportler."

2 **a + b + c** Redebegleitsätze sind unterstrichen:

„Der aktuelle Rekordhalter im Kurzstreckensprint erreicht eine Geschwindigkeit von fast 39 Stundenkilometern", erklärt Max. „Das ist doch gar nichts", entgegnet Leon, „ein Gepard bringt es auf eine Geschwindigkeit von 100 Stundenkilometern." Max denkt nach und behauptet: „Aber Menschen sind die besten Weitspringer. Der aktuelle Olympiasieger ist über acht Meter weit gesprungen." „Ein Riesenkänguru kann aber über 13 Meter weit springen", wendet Leo ein, „und ein Schneeleopard sogar 14 Meter." Da schüttelt Max den Kopf und sagt: „Okay, du hast gewonnen."

3 **a + b** So könnte deine Lösung lauten:

„Kennst du noch weitere tierische Rekorde?", fragt Max interessiert. Leon antwortet: „Der schnellste Schwimmer ist der Fächerfisch. Er schwimmt bis zu 100 Stundenkilometer schnell." „Der ist ja so schnell wie ein Auto", staunt Max. „Und Wale können fast 3000 Meter tief tauchen und dabei über zwei Stunden unter Wasser bleiben", ergänzt Leon.

Seite 89

Teste dich! – Großschreibung und Zeichensetzung

1 A Satzanfänge, Namen und Nomen werden großgeschrieben.
B Nomen erkennt man an ihren Begleitern und an bestimmten Endungen.
Hinweis: Für jede korrekt ergänzte Regel erhältst du 2 Punkte.
Du kannst also insgesamt 4 Punkte erreichen.

2 Nomen sind unterstrichen:
Heute halten Menschen sich seltsame Haustiere in ihren Wohnungen. Neben Leguanen werden auch Minischweine immer beliebter.
Hinweis: Für jeden großgeschriebenen Satzanfang und jedes großgeschriebene Nomen erhältst du 1 Punkt.
Du kannst also insgesamt 7 Punkte erreichen.

3 Wer hätte gedacht, dass sowohl Ameisen als auch Libellen tierische Rekorde halten? Ameisen können das Hundertfache ihres Körpergewichts tragen, z. B. Blätter, Nüsse oder kleine Stöckchen. Die Libelle jagt mit 50 Stundenkilometern Fliegen, Mücken und andere Beutetiere.
Die beste Nase haben weder Hunde noch Schweine, sondern Aale. Sie können sogar einen Tropfen Blut, einen toten Fisch oder ein Stück Würfelzucker in einem riesigen See riechen.
Hinweis: Für jedes richtig eingefügte oder getilgte Komma erhältst du 1 Punkt.
Du kannst also insgesamt 7 Punkte erreichen.

4 „Tiere können einfach alles besser", klagt Max. „Mir fällt ein Tier ein, mit dem wir bestimmt mithalten können", freut sich Leon, „nämlich das Faultier." „Ach, ja?", fragt Max neugierig. Leon erklärt: „Es legt in der Minute höchstens fünf Meter zurück, aber nur, wenn es sich beeilt." „Das schaffe ich nie", lacht Max.
Hinweis: Für jedes richtig gesetzte Satzzeichen erhältst du 1 Punkt.
Du kannst also insgesamt 18 Punkte erreichen.

Ich teste meinen Lernstand

Seite 91

1 Richtig ist Antwort C.
Hinweis zur Bewertung: Für die richtige Antwort erhältst du 1 Punkt.
Trage deine Punktzahl im Heft auf der Seite 91 bei der Aufgabe 1 ein.

2 Richtig ist Antwort B.
Hinweis zur Bewertung: Für die richtige Antwort erhältst du 1 Punkt.
Trage deine Punktzahl im Heft auf der Seite 91 bei der Aufgabe 2 ein.

3 Folgende Begriffe findest du für den Fuchs / die Füchse im Text.
Hinter den Begriffen findest du die Zeilenangaben aus dem Text, die du notiert haben solltest.
Rotpelz (▸ Z. 7), Allesfresser (▸ Z. 13), Waldbewohner (▸ Z. 18), Raubtier (▸ Z. 24), Wildtier (▸ Z. 40)
Hinweis zur Bewertung: Für jede richtige Antwort mit Zeilenangabe erhältst du 1 Punkt. Du kannst also insgesamt 5 Punkte erreichen. Errechne deine Punktzahl und trage sie im Heft auf der Seite 91 bei der Aufgabe 3 ein.

4 Büchse des Jägers (▸ Z. 21) → Jagdgewehr
Streifzüge(n) (▸ Z. 24) → Erkundungsgänge, um die Gegend auszuforschen
Fuchsseuche (▸ Z. 37) → hoch ansteckende Krankheit bei Füchsen
Hinweis zur Bewertung: Für jede richtige Zuordnung bekommst du 1 Punkt. Du kannst also insgesamt 3 Punkte erreichen. Errechne deine Punktzahl und trage sie im Heft auf der Seite 91 bei der Aufgabe 4 ein.

Seite 92

5 So oder so ähnlich sollte deine Begründung lauten:
Die Füchse verlieren ihre Angst vor Menschen und können so zu einer lästigen Plage werden.
Hinweis zur Bewertung: Für die richtige Antwort bekommst du 1 Punkt.
Trage deine Punktzahl im Heft auf der Seite 92 bei der Aufgabe 5 ein.

6 Richtig ist Antwort **C.**
Hinweis zur Bewertung: Für die richtige Antwort bekommst du 1 Punkt.
Trage deine Punktzahl im Heft auf der Seite 92 bei der Aufgabe 6 ein.

7 Richtig ist Antwort **D.**
Hinweis zur Bewertung: Für die richtige Antwort bekommst du 1 Punkt.
Trage deine Punktzahl im Heft auf der Seite 92 bei der Aufgabe 7 ein.

8 Die Wörter, die du in den Text eingesetzt haben solltest, sind fett gedruckt.

In dem **Gedicht** „Der kleine Fuchs" gibt es eine **märchenhafte** Situation: Ein Fuchs kann **lesen** und eine Tulpe kann leuchten wie eine **Lampe.** Aber nicht nur der Fuchs ist wach, auch Eule und **Käuzchen** machen Geräusche. So ist es im Wald nachts nicht **still,** sondern voller **Klänge.** In dem Gedicht reimen sich einige Wörter: Auf „gemacht" (▸ Vers 4) reimt sich **„Mitternacht"** (▸ Vers 2), auf „nie" (▸ Vers 6) reimt sich **„Waldnachtmelodie"** (▸ Vers 8) und auf „verstimmt" (▸ Vers 10) reimt sich **„glimmt"** (▸ Vers 12).

Hinweis zur Bewertung: Für jedes richtig eingesetzte Wort bekommst du 1 Punkt. Du kannst also insgesamt 10 Punkte erreichen. Errechne deine Punktzahl und trage sie im Heft auf der Seite 92 bei der Aufgabe 8 ein.

Seite 93

9 Die falsch geschriebenen Wörter sind durchgestrichen und dahinter verbessert.
Unter dem Text findest du noch Tipps zur Rechtschreibung der Fehlerwörter.

Es gibt viele ~~sprichwörter~~ **Sprichwörter** und Redewendungen, in denen der Fuchs ~~vorkomt~~ **vorkommt.** Man sagt zum ~~beispiel~~ **Beispiel:** „Er ist schlau wie ein Fuchs!" Das spielt auf die ~~klugheit~~ **Klugheit** des Fuchses an. Wenn jemand sehr einfallsreich ist, nennt man ihn auch „Schlaufuchs" oder „ausgefuchst".
Wenn jemand aber sagt: „Du hast dem Fuchs den ~~Hühnerstal~~ **Hühnerstall** anvertraut!", meint er, dass du dem Falschen vertraut hast. Denn der Fuchs ~~frist~~ **frisst** Hühner. Man ~~solte~~ **sollte** niemals einen Fuchs in die ~~nähe~~ **Nähe** von Hühnern ~~lasen~~ **lassen!** Ist jemand „fuchsteufelswild", so ist er wütend wie ein Fuchs, den man gefangen hat. Ein ~~ort~~ **Ort,** an dem „sich Fuchs und ~~hase~~ **Hase** Gute Nacht sagen", ist weit abgelegen und einsam. Denn ursprünglich traf man den Fuchs nur im tiefen ~~Walt~~ **Wald,** weit entfernt von der Stadt.

Hinweis zur Bewertung: Für jedes richtig verbesserte Wort bekommst du 1 Punkt. Du kannst also insgesamt 12 Punkte erreichen. Errechne deine Punktzahl und trage sie im Heft auf der Seite 9 bei der Aufgabe 9 ein.

Hinweise zu den Fehlerwörtern in Aufgabe 9:
- **Sprichwörter:** Das Wort ist ein Nomen und wird großgeschrieben. Mache die Artikel-Adjektiv-Probe. Wenn du einen Artikel und ein Adjektiv vor das Wort setzen kannst, ist es ein Nomen.
- **vorkommt:** Das Wort wird mit Doppelkonsonant geschrieben, weil man bei geschlossener Silbe nur einen Konsonanten hört. Um dies zu hören, musst du das Wort verlängern (vorkommen).
- **Beispiel:** Das Wort ist ein Nomen und wird großgeschrieben. Mache die Artikel-Adjektiv-Probe. Wenn du einen Artikel und ein Adjektiv vor das Wort setzen kannst, ist es ein Nomen.
- **Klugheit:** Das Wort ist ein Nomen und wird großgeschrieben. Du erkennst das Nomen im Text an seinem Begleiter, dem Artikel *die*.
- **Hühnerstall:** Das Wort wird mit Doppelkonsonant geschrieben, weil man bei geschlossener Silbe nur einen Konsonanten hört. Um dies zu hören, musst du das Wort zerlegen und dann verlängern (Hühner + Stall → Ställe).
- **frisst:** Das Wort wird mit *ss* geschrieben, weil die erste Silbe geschlossen ist. Um dies zu hören, musst du den Einsilber (frisst) verlängern (fressen).
- **sollte:** Das Wort wird mit Doppelkonsonant geschrieben, weil man bei geschlossener Silbe nur einen Konsonanten hört. Um dies zu hören, musst du den Infinitiv bilden (sollen).
- **Nähe:** Das Wort ist ein Nomen und wird großgeschrieben. Du erkennst das Nomen im Text an seinem Begleiter, dem Artikel *die*.
- **lassen:** Das Wort wird mit *ss* geschrieben, weil die erste Silbe geschlossen ist.
- **Ort:** Das Wort ist ein Nomen und wird großgeschrieben. Du erkennst das Nomen im Text an seinem Begleiter, dem Artikel *ein*.
- **Hase:** Das Wort ist ein Nomen und wird großgeschrieben. Mache die Artikel-Adjektiv-Probe. Wenn du einen Artikel und ein Adjektiv vor das Wort setzen kannst, ist es ein Nomen.
- **Wald:** Das Wort wird am Wortende mit *d* geschrieben. Wenn du das Wort verlängerst (Wälder), hörst du das *d*.

10 Die Verben in der Zeitform Präteritum, die du in die Lücken eingesetzt haben solltest, sind fett gedruckt.

Vor einigen Jahrzehnten **fotografierte** ein russischer Tierfotograf einen ungewöhnlichen Vorfall. Auf einem Acker **lag** ein Fuchs, der tot zu sein schien. Eine Krähe **flog** herbei, um sich ein Stück von dem Aas zu sichern. Sie wollte gerade dem toten Fuchs ein Auge auspicken, da **sprang** dieser auf, **biss** zu und **brach** der überraschten Krähe das Genick. Biologen **hielten** vorher Berichte über so ein schlaues Verhalten des Fuchses für ein Märchen. Die Bilder **bewiesen** nun deren Richtigkeit.

Hinweis zur Bewertung: Für jede richtig eingesetzte Verbform bekommst du 1 Punkt. Du kannst also insgesamt 8 Punkte erreichen. Errechne deine Punktzahl und trage sie im Heft auf der Seite 93 bei der Aufgabe 10 ein.

Seite 94

11 Die Nomen, die du in den Text eingesetzt haben solltest, sind fett gedruckt.
Dahinter findest die Kasusangabe: N = Nominativ, D = Dativ, A = Akkusativ, G = Genitiv.

Die Wissenschaft hat tatsächlich **die Klugheit (A)** des Fuchses bewiesen. Biologen haben bei **dem Raubtier (D)** beobachtet, dass es selbstständig Probleme lösen kann. So schubst der Fuchs eingerollte Igel ins Wasser. Die entrollen sich, um zu schwimmen. Und schon schnappt er zu. Sogar die Hinterlist **des Fuchses (G)** ist wissenschaftlich belegt. Es gibt Berichte über Füchse, die sich zum Beispiel einem Kaninchen mit einem Trick nähern. Sie tollen wild herum und tun so, als ob sie spielen, ohne **das Kaninchen (A) / die Beute (A)** zu bemerken. Wiegt sich **die Beute (N) / das Kaninchen (N)** in Sicherheit, packt der Fuchs plötzlich zu.

Hinweis zur Bewertung: Für jedes richtig eingesetzte Nomen und jede richtige Kasusangabe bekommst du 1 Punkt. Du kannst also insgesamt 5 Punkte erreichen. Errechne deine Punktzahl und trage sie im Heft auf der Seite 94 bei der Aufgabe 11 ein.

12
- Subjekt: 5, 6, 11
- Dativobjekt: 10
- Akkusativobjekt: 3, 8
- adverbiale Bestimmung des Ortes: 4, 7
- adverbiale Bestimmung der Zeit: 2
- adverbiale Bestimmung der Art und Weise: 9
- adverbiale Bestimmung des Grundes: 1

Hinweis zur Bewertung: Für jede richtig eingetragene Nummer bekommst du 1 Punkt. Du kannst also insgesamt 11 Punkte erreichen. Errechne deine Punktzahl und trage sie im Heft auf der Seite 94 bei der Aufgabe 12 ein.

Seite 95

13 **b** Die Teilaufgaben a und b dienen dir zur Hilfe, werden aber nicht mitbewertet.
So könnte dein Schreibplan aussehen:

Schreibplan

1. Bild
- auf Zehenspitzen über den dunklen Flur Richtung Küche schleichen
- Was ging dort vor sich?
- Das Herz schlug bis zum Hals.

2. Bild
- all seinen Mut zusammennehmen und in die Küche schauen
- ein unheimlicher Schatten auf der Küchenwand
- „Wer ist da?“, fragte ich mit dünner Stimme.
- Leises Knurren antwortete mir.
- Eiskalt lief es mir den Rücken herunter.

3. Bild
- Plötzlich sprang etwas Dunkles durch das halb geöffnete Fenster.
- verschwand in der Dunkelheit

c So könnten der Höhepunkt deiner Geschichte aussehen.

Auf Zehenspitzen schlich ich über den **dunklen** Flur Richtung Küche. Was ging in der Küche vor sich? Mein Herz schlug mir bis zum Hals. Dann nahm ich all meinen Mut zusammen und schaute **vorsichtig** in die Küche. Ein **unheimlicher** Schatten bewegte sich auf der **schwach erleuchteten** Küchenwand. „Hallo, wer ist da?“, hörte ich mich mit **dünner** Stimme fragen. Die Antwort war ein **leises** Knurren. Eiskalt lief es mir den Rücken hinunter. War da etwa ein Ungeheuer in der Küche? Plötzlich sprang der **dunkle** Schatten durch das halb geöffnete Küchenfenster und verschwand in der Dunkelheit.

Gründe, warum der Höhepunkt der Geschichte gelungen ist:
Anschauliche Adjektive werden verwendet.
Treffende Verben werden verwendet.
Es wird deutlich, was das Kind denkt und fühlt.
Wörtliche Rede wird genutzt (das Kind spricht).
Spannungsmelder (plötzlich, auf einmal, im Nu) sind eingebaut.
Als Zeitform wird das Präteritum verwendet.
Die Ich-Form wird durchgehalten.

Hinweis zur Bewertung von Aufgabe 13 c:
Gehe die folgenden Punkte nacheinander durch. Vielleicht kann dir auch eine Mitschülerin oder ein Mitschüler bei der Beurteilung helfen.
Notiere dir zu jedem Bereich, den du als gelungen bewertest, die angegebene Punktzahl.

- Hast du **anschauliche Adjektive** verwendet, z. B.: *dunkel, unheimlich?* ☐ /4 Punkte
- Hast du **treffende Verben** verwendet, z. B.: *schlich, schaute?* ☐ /4 Punkte
- Wird deutlich, was das Kind (Ich-Erzähler/-in) **denkt und fühlt,** z. B.: Angst, Unsicherheit, Sorge? Unterstreiche diese Stellen mit Rot, z. B.: *Was ging dort vor sich? Mein Herz schlug bis zum Hals.* ☐ /4 Punkte
- Hast du **wörtliche Rede** verwendet? Spricht also das Kind? ☐ /2 Punkte
- Hast du als **Zeitform** das **Präteritum** verwendet (z. B.: *ich nahm, ich ging*)? ☐ /2 Punkte
- Prüfe: Hast du die **Ich-Form** durchgehalten (z. B.: *ich, mich, mir, mein*)? ☐ /2 Punkte

d So könnte deine Überschrift lauten:
Ein unheimlicher Besucher – Räuber in der Nacht
Hinweis zur Bewertung von Aufgabe 13 d:
Für eine passende Überschrift bekommst du 2 Punkte.
Prüfe: Passt deine Überschrift zum Thema und verrät nicht zu viel? ☐ /2 Punkte

Rechne deine Punkte aus der Aufgabe 13 c und d zusammen und notiere sie hier. ☐ /20 Punkte
Trage dann diese Punktzahl im Heft auf der Seite 95 oben bei der Aufgabe 13 ein.

Auswertung deiner gesamten Testergebnisse:

- Nachdem du deinen Lernstandtest mit Hilfe des Lösungsteils (► S. 40–43) korrigiert hast, hast du auf den Seiten 91 bis 95 des Arbeitsheftes bei jeder Aufgabe deine Punktzahl eingetragen.
- Rechne nun aus, wie viele Punkte du in den Bereichen A „Texte verstehen“, B „Rechtschreibung“, C „Grammatik“ und D „Spannend erzählen“ erreicht hast.

Gesamtpunktzahl für:	deine Punktzahl	Höchst-punktzahl	Hinweise
A Texte verstehen		22	Du solltest von den 22 Punkten mindestens 11 Punkte erreicht haben. Wenn du weniger als 11 Punkte im Bereich „Texte verstehen“ hast, solltest du verstärkt Texte lesen. Lies die Texte genau und kläre alle Begriffe, die du nicht verstehst. Fasse bei jedem Text die wesentlichen Informationen zusammen. Die W-Fragen können dir dabei helfen. Bitte auch deine Deutschlehrerin oder deinen Deutschlehrer, dir entsprechende Übungen zu geben.
B Rechtschreibung		12	Du solltest von den 12 Punkten mindestens 6 Punkte erreicht haben. Wenn du weniger als 6 Punkte hast, solltest du den Bereich „Rechtschreibung“ im Arbeitsheft noch einmal üben (► S. 62–89). Wiederhole auch die entsprechenden Regeln zur Rechtschreibung aus deinem Schülerbuch.
C Grammatik		24	Du solltest von den 24 Punkten mindestens 12 Punkte erreicht haben. Wenn du weniger als 12 Punkte hast, solltest du den Bereich „Grammatik“ im Arbeitsheft noch einmal üben (► S. 30–61). Wiederhole auch die entsprechenden Regeln zur Rechtschreibung aus deinem Schülerbuch.
D Spannend erzählen		20	Du solltest von den 20 Punkten mindestens 10 Punkte erreicht haben. Wenn du weniger als 10 Punkte hast, solltest du den Bereich „Erzählen“ im Arbeitsheft noch einmal üben (► S. 4–11). Wiederhole auch die entsprechenden Regeln und Beispiele zum Erzählen aus deinem Schülerbuch.
den ganzen Test		78	

☺ 78–53 Punkte	😐 52–27 Punkte	☹ 26–0 Punkte
Du liegst im guten bis sehr guten Bereich. Vielleicht siehst du dir trotzdem noch einmal die Bereiche (siehe Tabelle oben) an, in denen du dich noch verbessern kannst.	**Einiges gelingt dir gut, manches musst du aber noch einmal üben.** Prüfe mit Hilfe der Tabelle oben, in welchen Bereichen (A, B, C oder D) du wenige Punkte hast. Diese Bereiche solltest du noch einmal üben.	**Du musst vieles wiederholen und noch einmal gründlich üben.** Prüfe mit Hilfe der Tabelle oben, in welchen Bereichen (A, B, C oder D) du wenige Punkte hast. Diese Bereiche solltest du noch einmal üben. Frage auch deinen Lehrer oder deine Lehrerin, wie du vorgehen kannst, um dich zu verbessern.

Deutschbuch

Gymnasium

Berlin, Brandenburg, Mecklenburg-Vorpommern, Sachsen, Sachsen-Anhalt, Thüringen

5

Arbeitsheft
mit interaktiven Übungen

Herausgegeben von
Deborah Mohr und Andrea Wagener

Erarbeitet von
Petra Bowien, Michael Germann, Cordula Grunow, Angela Mielke, Deborah Mohr, Christoph Oldeweme, Birgit Patzelt, Luzia Scheuringer-Hillus, Irmgard Schick, Sandra Simberger und Andrea Wagener

scook

Deine **interaktiven Übungen** findest du hier:

1. Melde dich auf scook.de an.
2. Gib den unten stehenden Zugangscode in die Box ein.
3. Hab viel Spaß mit deinen interaktiven Übungen.

Dein Zugangscode auf
www.scook.de

Die Nutzungsdauer für die Online-Übungen beträgt nach Aktivierung des Zugangscodes zwei Jahre. In dieser Zeit speichern wir deine Lernstandsdaten für dich; nach Ablauf der Nutzungsdauer werden sie gelöscht.

5yntm-rdqz9

Cornelsen

Inhaltsverzeichnis

So arbeitest du mit der Übersicht im Inhaltsverzeichnis:
Trage in die Spalte „bearbeitet am“ das Datum ein, an dem du die Übung gemacht hast.
Überprüfe deine Lösungen mit dem Lösungsheft und trage dann ein, wie dir die Übungen gelungen sind:
☺ gut gemacht 😐 das meiste richtig ☹ häufig unsicher

⊕ Dieses Symbol kennzeichnet im Arbeitsheft (► S. 4–95) kniffelige Aufgaben oder Aufgaben für Schnellere.

Erzählen

Eine spannende Erzählung untersuchen

Information **Eine Erzählung aufbauen und spannend gestalten**

Eine gelungene Erzählung braucht einen **roten Faden,** der die Leser durch die Geschichte leitet.

- In der **Einleitung** informierst du über **Ort** und **Zeit** der Handlung und stellst die **Hauptfiguren** vor. Außerdem weckst du die **Neugier** deiner Leser, indem du z. B. etwas Unerwartetes ankündigst.
- Im **Hauptteil steigerst du die Spannung** schrittweise bis zum Höhepunkt. Verwende dafür **treffende Verben, anschauliche Adjektive** und **Spannungsmelder. Nutze außerdem die wörtliche Rede** und erzähle, was deine Hauptfigur fühlt und denkt.
- Zum **Schluss** erzählst du, wie die Geschichte ausgeht, und rundest die Handlung ab.

Von einem spannenden Ereignis erzählst du im **Präteritum** (1. Vergangenheit) und meist in der **Ich-Form,** z. B.: *Als ich an diesem Morgen aufwachte, hörte ich als Erstes ein sehr seltsames Geräusch ...*

1 **Lies das Merkwissen und die folgende Erzählung sorgfältig.**
Untersuche dann mit Hilfe der Aufgaben auf Seite 5, inwiefern die Erzählung gelungen ist.

Einleitung:
Schon seit einer Stunde sehnte ich mich nach dem erlösenden Schulgong. Ich wollte unbedingt nach Hause, um mit Max und meinem neuen Hund Luna, einer jungen Mischlingsdame, durch die Straßen unserer Neubausiedlung zu streifen. Doch leider sollte meine Freude an diesem Nachmittag nur von kurzer Dauer sein.

Hauptteil:
Max und ich rannten und tollten mit Luna, riefen ständig ihren Namen und brachten ihr kleine Kunststücke bei. Da kam mir aus lauter Übermut die Idee, Luna von der Leine zu lassen. „Bist du übergeschnappt, Lea?", fragte Max. „Du hast Luna doch erst seit einer Woche!" „Ach, komm!", sagte ich, lächelte überlegen und machte Luna los. Sie war ja schließlich mein Hund! Dann ging leider alles sehr schnell: Blitzartig drehte Luna sich um, sauste um die nächste Häuserecke davon und war verschwunden. Max und ich suchten jede Straße der Siedlung ab und schrien uns die Kehle heiser: „Luuuna! Luuuna, komm zurück!" Aber der Hund kam nicht. Was, wenn Luna für immer weg war? Ich war verzweifelt und wollte schon aufgeben, als Max plötzlich zischte: „Pst! Ich höre etwas!" Tatsächlich: Aus der Ferne drang ein klägliches Winseln zu uns herüber. „Das ist sie!", rief ich. Das Winseln kam von einer Baustelle. Ich rannte los und entdeckte Luna ganz unten auf dem Boden einer finsteren Baugrube. Wie sollten wir sie aus diesem tiefen Loch bloß herausholen? Wir blickten uns fieberhaft um und fanden schließlich ein langes Brett, das wir vorsichtig in die Grube hinabließen. Erst verstand Luna nicht, was sie machen sollte. Aber dann lief sie doch wie auf einem Bootssteg zu uns hinauf. Ich war überglücklich, als ich sie endlich in die Arme schließen konnte.

Schluss:
Auf dem Heimweg leinte ich Luna an, was ihr gar nicht gefiel. Sie war schon wieder bereit für neue Abenteuer. Doch Max und mir reichte es. Wir wollten nur noch nach Hause.

2 **Macht die Einleitung wichtige Angaben zum Verständnis der Handlung und weckt sie die Neugier?**
a **Beantworte mit Hilfe der Einleitung die folgenden W-Fragen:**

Wer sind die Hauptfiguren? Ich-Erzählerin (= Lea), ______________________

Wo spielt die Handlung? ______________________

Wann spielt die Handlung? ______________________

b **Erkläre, warum die orange markierte Textstelle auf Seite 4 (► Z. 3–4) die Leser neugierig macht.**

Die Textstelle macht neugierig, weil ______________________

____

3 **Im Hauptteil wird mit verschiedenen sprachlichen Mitteln Spannung erzeugt.**
a **Ordne die grün markierten Textstellen den folgenden fünf Punkten zu.**
b **Ergänze aus dem Hauptteil noch zwei Verben, zwei Adjektive und einen Spannungsmelder.**

1 treffende Verben: ______________________

2 anschauliche Adjektive: ______________________

3 Gedanken und Gefühle: ______________________

4 wörtliche Rede: ______________________

5 Spannungsmelder (verdeutlichen, dass gleich etwas Überraschendes oder Spannendes geschehen wird):

____

4 **Formuliere eine passende Überschrift zu der Geschichte. Schreibe sie auf die Linie auf Seite 4. Beachte: Die Überschrift soll die Leser neugierig machen, aber noch nicht alles verraten.**

5 **Spannende Geschichten werden meist im Präteritum erzählt. Streiche in den Sätzen die Präsensformen durch und ersetze sie durch das Präteritum.**

Schon während ich die Tür ~~öffne~~ öffnete, läuft ______________ Luna auf mich zu.
Sie springt ______________ an mir hoch und wartet ______________ darauf,
dass ich ihr das Fell kraule ______________. Zuerst bekommt ______________
sie aber ihr kleines Leckerli.

Ein Erlebnis spannend erzählen

Information **Den Aufbau einer Erzählung planen**

Den **Aufbau** deiner Erzählung solltest du **sorgfältig planen.** Achte besonders darauf, dass die **Reihenfolge der einzelnen Erzählschritte** sinnvoll ist. Lege dafür einen **Schreibplan** an, z. B. in Form einer **Lesefieberkurve.**

1 Schau dir das Bild genau an und überlege, was hier geschehen sein könnte.

2 Ordne die folgenden Erzählbausteine sinnvoll.
Trage die Buchstaben richtig auf der Lesefieberkurve ein, dann ergibt sich ein Lösungswort.

- R Schaffnerin kümmert sich und verständigt Bahnpolizei
- F Mutter und Alex haben Durst, weil es im Zug sehr heiß ist
- H Zug fährt ohne Mutter weiter; Alex verzweifelt
- A Zug hält; Mutter steigt aus, um Getränk zu kaufen
- B Mutter und Alex im Zug
- A Onkel Markus zu seinem Geburtstag besuchen
- T zwei Stunden später: Treffen am Hauptbahnhof in Hamburg

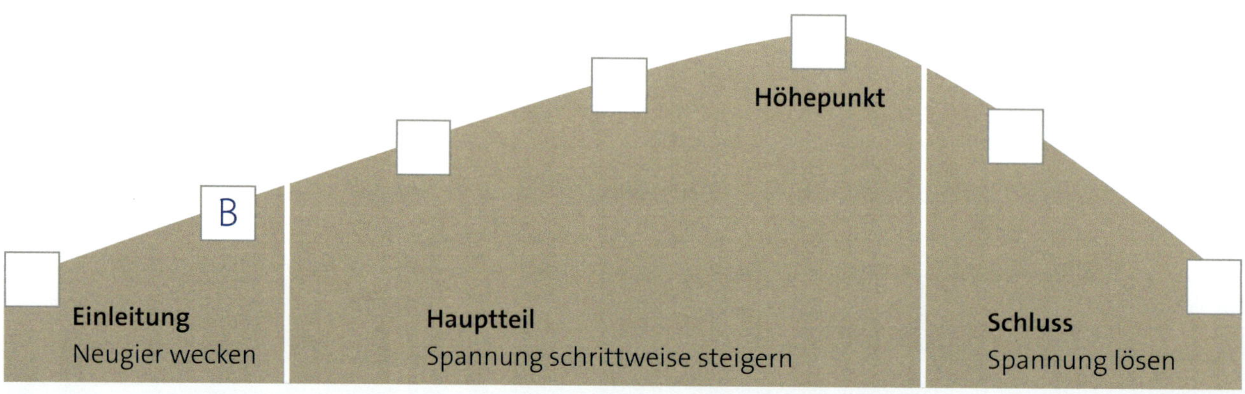

Information **Eine spannende Einleitung schreiben**

Gute Erzähler fesseln ihre Leser gleich zu Beginn. Dazu gibt es einige Erzähltricks, die du mit ein bisschen Übung auch kombinieren kannst:

Erzähltricks für die Einleitung:	Beispiele:
Kündige ein unerwartetes Ereignis an:	▪ Hätten wir geahnt, dass ... ▪ Zu diesem Zeitpunkt war alles noch in Ordnung.
Beginne deine Geschichte mit wörtlicher Rede:	▪ „Vergiss nicht, die Wohnungstür wieder zu schließen!", rief Mutter. „Zum Abendessen bin ich zurück."

3 **Prüfe die beiden Vorschläge für eine Einleitung.**

Text A „Wenn bloß jetzt nichts schiefgeht", seufzte Mutter und machte es sich in ihrem Sitz gemütlich. „Was soll schon schiefgehen?", lachte ich. „Die Bahn ist besser als ihr Ruf." Mutter grinste und schaute aus dem Abteilfenster. Noch waren wir beide bester Laune. Es war ein herrlicher Sommertag und wir freuten uns riesig auf den Besuch bei Onkel Markus.

Text B Es war ein herrlicher Sommertag ohne die winzigste Wolke am Himmel. Mutter und ich saßen seit einer halben Stunde im Zug und freuten uns schon sehr auf das Wiedersehen mit Onkel Markus. Wir konnten ja nicht ahnen, dass unser Ausflug noch zu einem richtigen Albtraum werden sollte.

a **Kreuze an, welche wichtigen Angaben zur Handlung die beiden Einleitungen beantworten.**

Text A: ☐ Wer? ☐ Wann? ☐ Wo?

Text B: ☐ Wer? ☐ Wann? ☐ Wo?

b **Erkläre, wie die beiden Einleitungen die Neugier der Leser wecken. Beachte: Bei Einleitung A kannst du zwei Erklärungen finden.**

Einleitung A fesselt die Leser, indem ______________________

____

____

____

Einleitung B ist spannend, weil im letzten Satz ______________________

____

____

4 **Schreibe eine eigene Einleitung in dein Heft.**

Information **Den Hauptteil spannend und anschaulich erzählen**

Im **Hauptteil** kannst du mit Hilfe verschiedener sprachlicher Mittel **Spannung erzeugen:**
- Verwende **anschauliche Adjektive,** z. B.: *grauenhaft, riesengroß, pechschwarz.*
- Verwende **treffende Verben,** z. B.: *keuchen, stürzen, glotzen, kreischen.*
- Verdeutliche **Gedanken und Gefühle,** z. B.: *Mein Herz krampfte sich zusammen, ich konnte kaum noch atmen. / „Das kann doch nicht wahr sein!", schoss es mir durch den Kopf.*
- Nutze **wörtliche Rede,** z. B.: *„Stopp!", brüllte ich aus Leibeskräften.*
- Baue **Spannungsmelder** ein, z. B.: *plötzlich, auf einmal, schlagartig.*

5 **Markiere die Adjektive und Verben in den Klammern, die am besten zur Handlung passen. Überlege: Welches Adjektiv ist am anschaulichsten? Welches Verb trifft es am besten?**

Die Abfahrt des Zuges verzögerte sich. Die Klimaanlage war ausgefallen und im Abteil wurde es immer (heißer/wärmer). „Das ist ja nicht auszuhalten", (sagte/stöhnte) meine Mutter. „Ich kaufe uns schnell etwas zu trinken." Plötzlich saß ich (mutterseelenallein/allein) im Abteil. Die Minuten vergingen. (Gelangweilt/Nervös) hielt ich Ausschau nach meiner Mutter. Da ertönte auf einmal ein (leiser/schriller) Pfiff, der Lautsprecher des Abteils begann zu knistern und die Stimme aus dem Lautsprecher (brüllte/meinte): „Meine Damen und Herren, wir setzen unsere Fahrt jetzt fort."

6 **Auf dem Höhepunkt der Geschichte hat Alex Angst. Ergänze links Adjektive und rechts Verben, die dies zum Ausdruck bringen. Die Adjektive sollen zu den vorgegebenen Nomen passen.**

Adjektive mit Nomen

kalter Schweiß, ____________

____________ Knie,

____________ Hände

____________ vor Schreck

Angst haben

Verben

frösteln, stottern, ____________

stammeln, ____________

____

____

7 **Nutze die wörtliche Rede, um deine Geschichte noch spannender zu machen. Ergänze den folgenden Textabschnitt in deinem Heft.**

Ich schrie: „Halt! Stoppen Sie ...!"
Die Schaffnerin schaute mich ungläubig an und fragte: „Was ist ...?"
„Meine Mutter", stammelte ich, „sie ist ...!"
„Keine Angst!", beruhigte mich die Schaffnerin.
„Ich werde sofort ..."

Mit Hilfe der **wörtlichen Rede** wird deine Geschichte besonders lebendig. Verwende passende Wörter des Sagens *(schreien, stammeln, erklären, fragen ...)* und achte auf die Zeichensetzung in der wörtlichen Rede (► S. 88).

8 **Schreibe einen eigenen Hauptteil in dein Heft.**

Information **Den Schluss einer spannenden Geschichte schreiben**

Erzähltricks für den Schluss:	Beispiele:
A Den Ausgang der Geschichte erzählen und das **Erlebnis abschließen:**	*Der Dieb ließ sich ohne weitere Schwierigkeiten von der Polizei abführen.*
B Auf die **Einleitung zurückgreifen,** sodass Einleitung und Schluss einen Rahmen um die Geschichte bilden:	*So trafen wir uns einige Stunden später wieder im selben Café und unterhielten uns noch lange über die Ereignisse dieses denkwürdigen Tages.*
C Den Schluss der Geschichte **offenlassen:**	*Den Sturm hatten wir überstanden. Aber noch waren wir nicht in Sicherheit.*
D Mit einer Schlussbemerkung **zum Nachdenken anregen:**	*Auf jeden Fall werde ich versuchen, in Zukunft einen kühlen Kopf zu bewahren.*

9 **Welche zwei Erzähltricks findest du in dem folgenden Schluss: A + D, C + D oder B + D?**

Notiere die beiden richtigen Buchstaben: ______________________

Fast zwei Stunden später konnte ich meiner Mutter auf dem Hamburger Hauptbahnhof um den Hals fallen. Sie hatte Tränen in den Augen, als sie meinte: „Ganz egal, wie heiß es ist und wie viel Durst ich habe, so schnell lasse ich dich bestimmt nicht mehr allein. Versprochen!"

10 **a** **Kreuze an, welchen Erzähltrick du für deinen Schluss verwenden willst.**
Beachte: Du kannst A und B auch mit D kombinieren.

☐ A ☐ B ☐ C ☐ D

b **Schreibe einen eigenen Schluss in dein Heft.**

11 **Notiere eine Überschrift für deine Erzählung. Sie soll neugierig machen, aber nicht zu viel verraten.**

____

⊕ **12** **Die Gestaltung des Höhepunkts ist im folgenden Textausschnitt nicht ganz gelungen. Ergänze anschauliche Adjektive, treffende Verben, Gedanken und Gefühle, wörtliche Rede und Spannungsmelder. Schreibe den Text verbessert in dein Heft.**

Dann aber kam die Nachricht aus dem Lautsprecher, dass die Fahrt fortgesetzt würde. Alle stiegen ein, nur Mutter fehlte. Ich hörte, wie die Türen zugingen und einen lauten Pfiff. Genau in dem Moment, in dem der Zug anfuhr, lief Mutter auf den Bahnsteig und winkte. Ich war mit dieser Situation völlig überfordert.

Nach Bildern erzählen

Information **Nach Bildern lebendig und anschaulich erzählen**

- Betrachte das Geschehen auf den Bildern genau und erschließe den **roten Faden der Handlung:** **Wo** spielt die Geschichte (Ort)? **Wann** findet sie statt (Zeit)? **Welche Figuren** kommen vor? Welches Bild zeigt den **Höhepunkt?**
- Lege einen **Ich-Erzähler** fest:
  Aus der Sicht welcher Figur willst du erzählen?
- Gestalte deine Erzählung sprachlich **lebendig** und **anschaulich** aus:
  Schildere auch die Mimik (Gesichtsausdruck) und Gestik (Körpersprache) der Figuren.
  Gib deinen Figuren Namen.

1 **Diese Bildergeschichte ist durcheinandergeraten.**
Bringe die Bilder in eine sinnvolle Reihenfolge, indem du sie nummerierst.

2 **a** **Was geschieht auf den Bildern? Notiere neben den Bildern Stichworte zur Handlung.**
b **Überlege auch, was zwischen den einzelnen Bildern passieren könnte, und notiere es auf den Zeilen.**

3 **Diese Geschichte kannst du aus Maikes Sicht besonders spannend erzählen. Begründe, warum.**

Aus Maikes Sicht kann man besonders spannend erzählen, weil ______

______

______

______

4 **a Beantworte mit Hilfe der Einleitung die folgenden W-Fragen zur Handlung:**

Wer sind die Hauptfiguren? Ich-Erzählerin (= Maike), ______

Wo spielt die Handlung? ______

Wann spielt die Handlung? ______

b Wie willst du die Neugier deiner Leser in deiner Einleitung wecken?
Entscheide dich für A oder B oder für eine Kombination aus A + B. Kreuze an.

☐ A ein unerwartetes Ereignis ankündigen

☐ B mit wörtlicher Rede beginnen

☐ A + B ein unerwartetes Ereignis ankündigen und mit wörtlicher Rede beginnen

5 **Im Hauptteil deiner Geschichte erzählst du spannend.**
Umkreise Formulierungen, die Maikes Angst anschaulich wiedergeben.
Streiche langweilige Formulierungen durch.

Ich war starr vor Schreck. • Das Herz schlug mir bis zum Hals. •
Das war wirklich interessant. • Mein Puls raste. •
Es stellte sich ein Problem. • Mein Atem stockte. •
Jetzt war es um mich geschehen. • Ich war beunruhigt. •
Mein Herz blieb fast stehen.

6 **Formuliere drei Sätze in wörtlicher Rede in deinem Heft. Verwende treffende Verben aus dem Wortfeld *sagen*, z. B.: *schreien, bitten, flehen, befehlen, drohen, auffordern.***
„Was willst du von mir?", schrie ich dem Gespenst entgegen, das immer näher kam.

7 **a Verfasse eine vollständige Bildergeschichte in der Ich-Form. Schreibe im Präteritum.**
b Finde eine Überschrift für deine Geschichte, die neugierig macht, aber noch nicht zu viel verrät.

⊕ **8** **Stelle dir vor: Maike verkleidet sich im Zelt ebenfalls als Gespenst. Dann begegnen sich die beiden Gespenster im finsteren Garten. Erzähle den Hauptteil der Geschichte aus der Sicht Claras.**

Informieren

Einen Brief schreiben

Information **Einen Brief schreiben**

Jeder Brief hat eine **feste äußere Form** und einen **klar gegliederten Aufbau.**

Ort und Datum	Radebeul, den 1.10.20..
Anrede	Hallo Rudi,
Einleitung	endlich komme ich dazu, dir einen Brief zu schreiben. Sicher bist du schon sehr neugierig, wie es bei mir in der neuen Schule läuft.
Hauptteil	Vor zwei Wochen war mein erster richtiger Schultag. Du kannst dir nicht vorstellen, ...
Schluss	Wie war deine erste Woche? Hast du schon ...? Ich hoffe, du schreibst mir zurück.
Grußformel	Bis bald
Unterschrift	dein Mirco

1 **Tobi hat einen Brief geschrieben, der noch vier Lücken aufweist. Lies den Brief.**

____

______________________________!

Gerade sitze ich gemütlich in meinem Zimmer und denke an meine alte Grundschule. Da kam mir die Idee, euch einen Brief zu schreiben und von der neuen Schule zu erzählen.
Die ersten drei Schulwochen sind so schnell vergangen und waren richtig schön. Aber wisst ihr, was wirklich blöd ist? Ich gehöre jetzt wieder zu den Kleinen auf der Schule. Da müsst ihr jetzt lachen, oder?
Ihr könnt euch gar nicht vorstellen, wie groß die neue Schule ist. Ich habe mich schon mehrmals verirrt. Denn es gibt nicht nur einen Klassenraum, sondern bestimmte Fachräume, z. B. einen für Biologie und einen für Physik. Die neuen Fächer sind toll. Na? Werdet ihr schon neugierig auf eure neue Schule im nächsten Schuljahr? Seid ihr schon nervös? Ihr könnt ganz beruhigt sein: Man lebt sich auf der neuen Schule schneller ein, als man denkt. Manchmal vermisse ich aber unsere Grundschule.
Wie geht es euch als den neuen „Großen" an der Grundschule? Ich würde mich freuen, von euch zu hören.

____

____

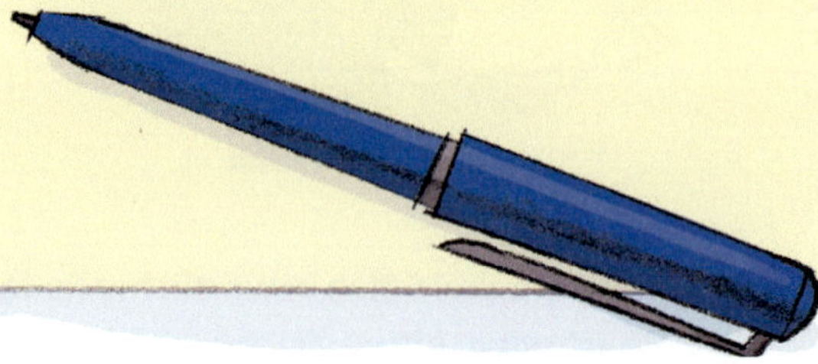

2 **a** **Überlege: An wen schreibt Tobi seinen Brief? Schreibe auf.**

Tobi schreibt den Brief an ______________________________

b **Fülle die vier Lücken im Brief (zwei am Anfang, zwei am Ende).**

c **In einem Brief gehst du auf den Empfänger wie bei einem Gespräch ein. Markiere Textstellen, in denen Tobi seine Empfänger direkt anspricht oder Fragen stellt.**

3 a Schau dir die beiden Einträge im Lerntagebuch genau an.

1

25.09.2019

Thema: Anredepronomen

Das habe ich gelernt (Spickzettel):

Personen, die man siezt:
→ Anredepronomen großschreiben:
Haben Sie Zeit? Wie geht es Ihnen?

Alle anderen Pronomen schreibt man klein:
Hast du Zeit? Lisa sucht ihre Jacke.

2

Thema: Anredepronomen

Das habe ich gelernt (Spickzettel):

Personen, die man siezt: Anredepronomen großschreiben. Haben Sie Zeit? Wie geht es Ihnen? Alle anderen Pronomen schreibt man klein: Hast du Zeit? Lisa sucht ihre Jacke.

b Welcher Lerntagebucheintrag ist besser gelungen? Kreuze an.

☐ Nummer 1 ☐ Nummer 2

4 Formuliere drei weitere „knackige" Tipps für eine gute Heftführung.

1. Vergiss das Datum nicht!
2. ______
3. ______
4. ______

5 Groß oder klein? Ergänze im folgenden Briefausschnitt passende Pronomen und achte auf die richtige Schreibweise.
TIPP: In sechs Lücken gehören Anredepronomen, die großgeschrieben werden müssen.

> Schreibe die **Anredepronomen groß,** wenn du jemanden **siezt,** z. B.:
> *Wie geht es Ihnen? Haben Sie Zeit?*
> Alle anderen Pronomen schreibst du klein, z. B.:
> *Julia sucht ihre Jacke.*

Liebe Frau Hain! Nöda, den 17.9.20..

______ haben uns gebeten, ______ in einem Brief zu schreiben, was uns in der neuen Klasse gut gefällt. Dazu kann ich ______ eine Menge sagen. Ich finde, dass ______ tolle Ideen haben, damit unsere Klassengemeinschaft gut funktioniert. Der gemeinsame Spielenachmittag mit ______ hat mir auch gut gefallen. Obwohl einige Kinder ______ Spiele zu Hause vergessen hatten, durften ______ mitspielen. Mir hat gefallen, dass ______ als Klassenlehrerin nicht geschimpft haben.

Berichten

Einen sachlichen Bericht untersuchen

Information **Berichten**

In einem Bericht **informierst** du **knapp** und **sachlich über ein Ereignis,** z. B. über eine Veranstaltung. Ein Bericht beantwortet die wichtigsten **W-Fragen** (Was? Wann? Wo? Wer? Wie? Mit welchen Folgen?). Er ist **sachlich** geschrieben, steht im **Präteritum** (bei Vorzeitigkeit im Plusquamperfekt, ▸ S. 47) und hat eine kurze, **informative Überschrift.**

1 **Lies das Merkwissen und den folgenden Bericht.**

Autorenlesung in der Schulaula

Einleitung: Am letzten Freitag las die bekannte Jugendbuchautorin Gudrun Mebs in der Schulaula aus einem ihrer Romane.

Hauptteil: Nachdem Schulleiterin Frau Bergmann den Gast begrüßt hatte, gab Deutschlehrer Herr Wöhe einen kurzen Überblick über Leben und Werk der Autorin. Dann begann Gudrun Mebs einen Auszug aus „Schutzengel mit Segelohren" zu lesen. Das Publikum bestand aus den Klassen der 5. Jahrgangsstufe, die aufmerksam der knapp einstündigen Lesung lauschten. Anschließend gab es eine Fragerunde. Eine Schülerin der 5 b wollte z. B. wissen, wie Gudrun Mebs zum Beruf der Schriftstellerin gekommen sei. Die Autorin erzählte dann, dass sie aus Langeweile angefangen habe zu schreiben.

Schluss: Am Ende bedankte sich die Schulleiterin bei Frau Mebs für die spannende Lesung und versprach uns, sie bald wieder einzuladen.

2 **Notiere die im Text gegebenen Antworten auf die W-Fragen.**

Was? ____________________

Wann? ____________________

Wo? ____________________

Wer? ____________________

Wie? ____________________

Mit welchen Folgen? ____________________

3 **Untersuche den Gebrauch des Tempus in diesem Bericht.**

a **Markiere die Verben im Präteritum blau und die im Plusquamperfekt grün.**

b **Erläutere den Gebrauch des unterschiedlichen Tempus im zweiten Satz (Z. 3 f.).**

____

c **Erläutere, was die unterstrichenen Verben in Z. 8 f. ausdrücken. Kreuze die richtige Antwort an.**

- ☐ Die Verben drücken eine Vermutung aus.
- ☐ Es handelt sich um die Wiedergabe von Gesagtem.
- ☐ Die Verben drücken Vorzeitigkeit aus.
- ☐ Die Verben drücken eine Aufforderung aus.

Von einem Schulereignis berichten

Känguru hüpft über Schulhof ________

Zoomitarbeiter schnell zur Stelle ________

aus Sicherheitsgründen Kinder in ihre Klassenzimmer zurück ________

am Dienstag ________

Polizei und Zoo benachrichtigt ________

zu Beginn der 1. Hofpause ________

Schulhof 2017 neu gestaltet ________

versuchen, das Känguru in die Ecke zu treiben ________

Biologielehrer Kluge hält Vortrag über australisches Säugetier ________

Einfangversuche scheitern ________

mit Narkosepfeil betäubt ________

Tierärztin Krawinkel überwacht Abtransport ________

eine sympathische Frau ________

Schulhof der Anna-Seghers-Schule ________

Zoodirektor Wilhelm erklärt Fluchtursache ________

ganze Schule bei freiem Eintritt in den Zoo eingeladen ________

durch ein offen stehendes Tor entkommen ________

1 **Verschaffe dir anhand der Notizen einen Überblick über das Ereignis an der Anna-Seghers-Schule.**
a **Notiere jeweils hinter die Stichpunkte, welche W-Frage beantwortet wird.**
b **Streiche die Informationen durch, die nichts mit dem Ereignis zu tun haben oder unsachlich sind.**

2 **Erstelle einen Schreibplan, indem du die Notizen von oben in die richtige Reihenfolge bringst. Schreibe so:**

Einleitung:	Am Dienstag, Schulhof der Anna-Seghers-Schule, Känguru hüpft ...
Hauptteil:	Zu Beginn der 1. Hofpause, ...
Schluss:	...

3 **Schreibe nun den vollständigen Bericht in dein Heft.**
a **Achte darauf, dass alle Verben in der richtigen Zeitform stehen.**
b **Überlege dir zum Schluss eine geeignete Überschrift.**

⊕ **4** **Verfasse einen Bericht über eine Veranstaltung an deiner Schule (z. B. sportlicher Wettkampf).**

Beschreiben

Eine Tierbeschreibung untersuchen

Information **Ein Tier beschreiben**

Wenn du ein Tier beschreiben willst, zum Beispiel für ein Tiermagazin, kannst du so vorgehen:
- Finde eine treffende **Überschrift,** die etwas über das Tier aussagt, z. B.: *Das schwerste Landsäugetier.*
- Beginne mit der **Tierart** (oder dem Tiernamen) und informiere über die **Besonderheit** des Tieres.
- Beschreibe dann die **Größe** (evtl. Gewicht) und das **Aussehen** des Tieres. Gehe auf besondere Kennzeichen ein und beschreibe **Farben** und **Formen** der **Körperteile** (z. B. Körperbau, Farbe und Muster des Fells, Kopfform, Ohren, Augen, Maul).
  TIPP: Beschreibe die Merkmale in einer sinnvollen Reihenfolge, z. B. vom Kopf zum Schwanz.
- Informiere zum **Schluss** z. B. über **Verhalten, Lebenserwartung, Lebensraum oder Nahrung** des Tieres.

1 **Lies das Merkwissen oben und die folgende Tierbeschreibung:**

Das schwerste Landsäugetier

Einleitung: Auf dem Foto seht ihr einen afrikanischen Elefanten. Diese Tierart ist ein echter Rekordhalter, denn die afrikanischen Elefanten sind die schwersten an Land lebenden Säugetiere.

Hauptteil: Afrikanische Elefantenbullen, also männliche Elefanten, haben eine Größe von 3,20 bis 4 Metern und wiegen zwischen 5000 und 7500 Kilogramm. Sie wiegen damit etwa so viel wie sieben Autos. Kennzeichnend für diese Tiere sind die graue Lederhaut, die großen Ohren und der lange Rüssel, mit dem die Elefanten essen und trinken. Die langen, weißen Stoßzähne des Elefanten sitzen am Ansatz des Mauls. Unterhalb der breiten Stirn liegen rechts und links vom Rüsselansatz die kleinen, schwarzen Augen. Die großen Ohren des afrikanischen Elefanten können einen Durchmesser von bis zu zwei Metern erreichen. Der mächtige, rundliche Körper des Elefanten wird von vier säulenartigen Beinen getragen. Afrikanische Elefanten haben außerdem einen etwa einen Meter langen Schwanz.

Schluss: Elefanten sind nicht nur große, sondern auch sehr intelligente Tiere, die bis zu 60 Jahre alt werden können. Sie ernähren sich ausschließlich von Pflanzen und haben dank ihrer Größe – abgesehen vom Menschen – keine natürlichen Feinde.

2 **Trage alle wichtigen Informationen aus der Tierbeschreibung in einem Steckbrief zusammen.**

Tierart und Besonderheit: ____________________

Größe und Gewicht: ____________________

Aussehen: ____________________

____

weitere Informationen (z. B. Lebenserwartung, Nahrung): ____________________

____

Ein Tier anschaulich und genau beschreiben

Information **Eine Tierbeschreibung (z. B. für ein Tiermagazin) sprachlich gestalten**

- Verwende **treffende Adjektive** *(kugelrund, lang, gescheckt)* und **Fachbegriffe** *(Mähne, Hörner).*
- Schreibe sachlich, also **ohne persönliche Wertung,** z. B.:
  Das Tier hat ~~süße Augen~~ kleine, schwarze Augen.
- Verfasse deine Beschreibung im **Präsens** (Gegenwartsform).

1 Auch Giraffen sind wahre Rekordhalter, denn sie sind die höchsten Tiere der Welt. Die hier abgebildete Giraffe sollst du für ein Tierlexikon beschreiben.

a Beschrifte die Körperteile mit passenden Fachbegriffen. Der Wortspeicher unten links hilft dir.

b Beschreibe die Körperteile der Giraffe genauer. Beschrifte dazu jedes Körperteil mit mindestens einem passenden Adjektiv aus dem Wortspeicher unten rechts.

Begriffe/Fachbegriffe
Hufe • Mähne • Nüstern • Hörner • Ohren • Schwanz • ~~Quaste~~ • Beine • Hals • Fell mit Flecken • Augen • Wimpern

Adjektive
hell • gelbbraun • kurz • rotbraun • weiß • schwarz • struppig • klein • lang • glatt • buschig • dünn • spitz • schmal • oval • rund • mandelförmig • kurz • dunkel

2 Wo findest du welche Informationen? Trage die Buchstaben B, G, W in die richtigen Kästchen ein. Besonderheit (Rekordmerkmal) des Tieres (B), Größe und Gewicht (G), weitere Informationen (W).

- ☐ Giraffenbulle (männliche Giraffe): 6 Meter Höhe, ungefähr 1600 Kilogramm Gewicht
- ☐ Giraffen sind die höchsten und langbeinigsten Tiere der Welt.
- ☐ Lebenserwartung in freier Wildbahn: 25 Jahre (im Zoo auch älter) – reine Pflanzenfresser

3 Ordne deine Notizen aus der Skizze (▶ Seite 17) und aus der Aufgabe 2 (▶ oben) in den folgenden Steckbrief ein.

Steckbrief

Name/Tierart: ____________________

Besonderheit (Rekordmerkmal): ____________________

Größe/Gewicht: ____________________

Aussehen:

– Körperbau: ____________________

– Farbe und Muster des Fells: ____________________

– Kopfform, Ohren, Augen, Maul usw.: ____________________

____

weitere Informationen: ____________________

____

4 Verfasse eine Beschreibung der Giraffe für ein Tierlexikon. Schreibe im Präsens und nutze deine Stichworte aus dem Steckbrief. Die folgenden Formulierungen können dir helfen. Schreibe in dein Heft.

Überschrift	Das höchste …
Einleitung Tierart, Besonderheit	Die Giraffe ist das höchste Säugetier der Welt.
Beschreibung Aussehen Größe, Gewicht, Körperbau, Farbe und Muster des Fells, Kopfform, Ohren, Augen usw.	Giraffenbullen haben eine Größe von … und wiegen … Ihr Körper wirkt … Das … Fell der Giraffe … Ihr Kopf ist im Verhältnis zum Körper … Er sitzt …
Schluss, z. B. Lebenserwartung	…

⊕ **5** Warum beschreibt man Tiere? Notiere weitere Anlässe in deinem Heft.

Einen Vorgang beschreiben

Information **Vorgangsbeschreibung**

Manchmal ist es wichtig, einen Vorgang so genau zu beschreiben, dass andere ihn leicht verstehen und selbst ausführen können – z. B. etwas basteln, kochen oder einen Trick vorführen.

1 Formuliere eine **Überschrift,** die den Vorgang zusammenfasst, z. B.: *Ein Vogelhäuschen bauen.*

2 Nenne in der **Einleitung** die notwendigen **Materialien** (mit genauen Mengenangaben) und/oder **Vorbereitungen,** z. B.: *ein Hammer, Nägel, eine Holzplatte (50 × 20 cm), vier Holzleisten, ...*

3 Beschreibe im **Hauptteil Schritt für Schritt den genauen Ablauf des Vorgangs,** z. B.: *Zuerst sägst du die Bodenplatte zu. Anschließend nimmst du ...*

4 Zum **Schluss** kannst du einen **Tipp** oder **Hinweis** geben, z. B.: *Das Vogelhäuschen stellst du am besten an einem ruhigen Ort auf.*

Verwende nur **eine Form der Ansprache:** *Du sägst ...* oder: *Man sägt ...* oder: *Säge ...*
Nutze Wörter, die die **Reihenfolge** der einzelnen Schritte **klarmachen,** z. B.: *zuerst, dann, danach, ...*
Formuliere im **Präsens** (in der Gegenwartsform).

1 **Lies das Merkwissen und die folgende Vorgangsbeschreibung.**

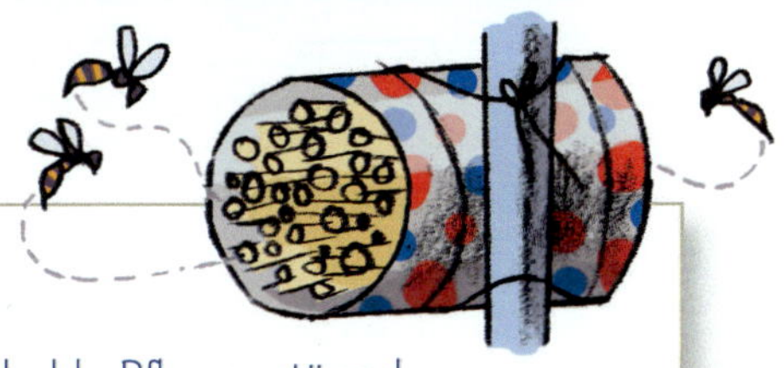

Eine Nisthilfe für Wildbienen basteln

Einleitung: Für eine Nisthilfe benötigst du eine leere Konservendose, hohle Pflanzenstängel (z. B. Bambus, Schilf, Knöterich), Pappe, Holzleim und wetterfeste Farbe.

Hauptteil: Zuerst kürzt du die Pflanzenstängel mit einer Gartenschere oder Säge, sodass sie in die Konservendose passen und nicht überstehen. Dabei achtest du darauf, dass die Schnittkanten glatt sind, damit die Insektenflügel nicht verletzt werden. Danach setzt du die Konservendose auf die Pappe und zeichnest den Umriss mit einem Bleistift. Anschließend schneidest du den Kreis etwas kleiner aus und legst ihn auf den Boden der Dose. Nun füllst du ca. 1 cm hoch Holzleim in die Dose. Dahinein stopfst du dicht an dicht deine Pflanzenstängel. So können Vögel die Stängel nicht herausziehen. Wenn du möchtest, kannst du das Wildbienenhotel zum Schluss noch bunt anmalen.

Schluss: Beim Aufhängen deiner Nisthilfe solltest du darauf achten, dass die Stelle vor Wind und Regen geschützt ist.

2 **Untersuche die Vorgangsbeschreibung genauer.**

a Markiere wie im Beispiel alle Wörter, die die Reihenfolge der Arbeitsschritte deutlich machen.

b Bringe die Arbeitsschritte in die richtige Reihenfolge.

☐	aus Pappe einen Kreis ausschneiden	1	Pflanzenstängel kürzen
☐	Pflanzenstängel in die Dose stopfen	☐	Pappkreis in die Dose legen
☐	Holzleim in die Dose füllen	☐	Umriss der Konservendose zeichnen

c Welche Form der Ansprache wird in der obigen Vorgangsbeschreibung verwendet? Kreuze an.

☐ Du-Form der Ansprache ☐ Man-Form der Ansprache ☐ Imperativ Singular (z. B.: *Nimm* ...)

d Formuliere den Hauptteil der Vorgangsbeschreibung um, indem du eine andere Form der Ansprache wählst. Schreibe in dein Heft.

3 Ohrenkneifer und Florfliegen sind nützliche Helfer im Garten. Ein Unterschlupf für sie ist schnell gebastelt.

a Betrachte die folgenden Zeichnungen und erstelle eine Liste der benötigten Materialien und Werkzeuge.

Material und Werkzeug: Kartoffel- oder Zwiebelnetz, ____________________

____

b Notiere auf den Schreiblinien unter den Zeichnungen stichpunktartig jeden Arbeitsschritt.

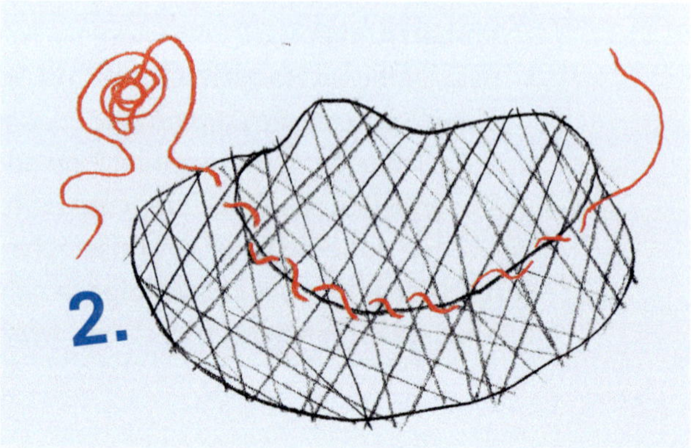

4 Verfasse für die Schülerzeitung eine Vorgangsbeschreibung zum Basteln eines Insektenunterschlupfs. Nutze deine Stichwörter aus Aufgabe 3 a und b. Schreibe in dein Heft.
TIPP: Lies noch einmal das Merkwissen zur Vorgangsbeschreibung (► Seite 19).

⊕ **5** Ein weiteres nützliches Tier im Garten ist der Igel. Überlege, wie du ihm für seinen Winterschlaf ein kuscheliges, regensicheres Quartier bauen kannst. Als Materialien stehen dir z. B. Laub, Ziegelsteine oder eine alte Obstkiste zur Verfügung. Schreibe eine Bastelanleitung.

Argumentieren

Die eigene Meinung schriftlich begründen

Information **Meinung begründen (Argumentieren)**

Wenn du andere von deiner Meinung überzeugen willst, brauchst du gute Begründungen (Argumente), z. B.:

Meinung: *Ich finde, wir sollten unseren Klassenraum verschönern,*
Begründung (Argumente): ***weil*** *wir viel Zeit dort verbringen /* ***denn*** *die alte Farbe ist schon fleckig.*

- Eine Begründung kannst du z. B. mit folgenden Wörtern einleiten: *weil, da, denn.*
- Du kannst deine Meinung auch schriftlich begründen, z. B. in einem Brief oder einer E-Mail. Das machst du zum Beispiel, wenn du einen Vorschlag formulierst.

1 **Bei der nächsten Klassenratssitzung soll über den kommenden Klassenausflug diskutiert werden. Konstantin möchte, dass die Klasse nicht wegfährt, sondern in der Schule übernachtet. In seiner Begründungshand findest du schon die Meinung und zwei Argumente dafür. Ergänze drei weitere Argumente für die Übernachtung in der Schule. Schreibe sie in die Finger der Begründungshand.**

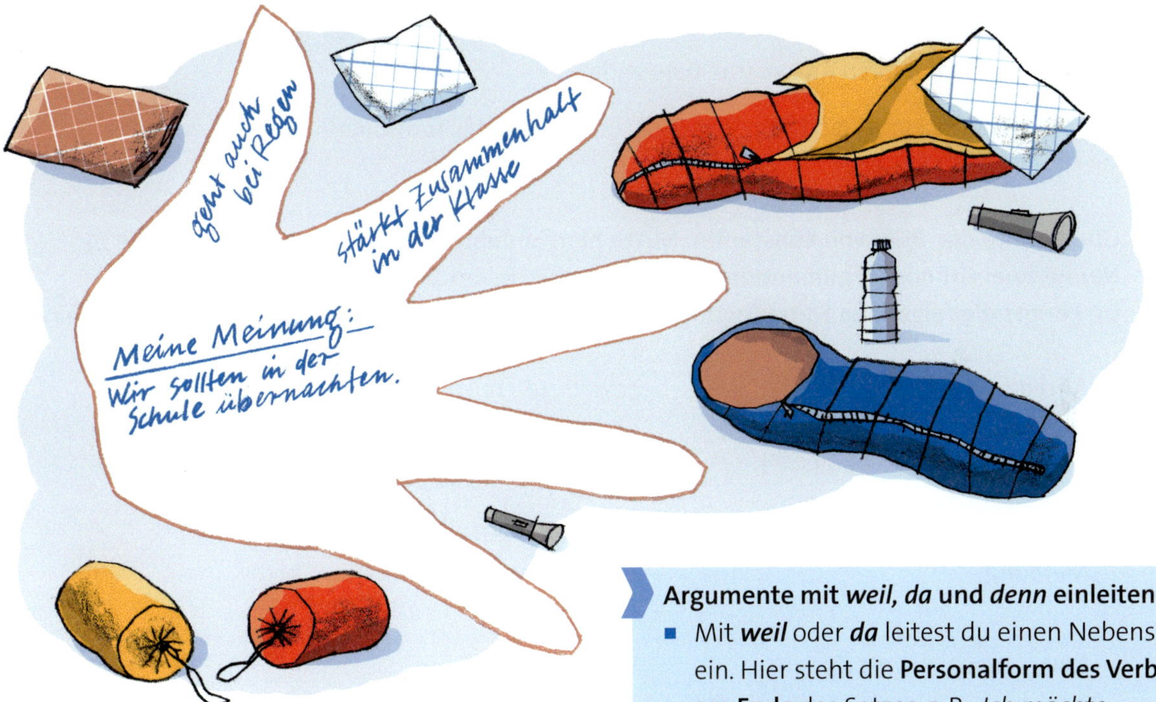

Argumente mit *weil, da* und *denn* einleiten

- Mit ***weil*** oder ***da*** leitest du einen Nebensatz ein. Hier steht die **Personalform des Verbs am Ende** des Satzes, z. B.: *Ich möchte ..., weil das auch bei Regen geht.*
- Mit ***denn*** leitest du einen **Hauptsatz** ein. Hier steht die Personalform des Verbs an dritter Satzgliedposition, z. B.: *Ich bin für ..., denn das geht auch bei Regen.*

2 **Ergänze zu jeder Meinung ein überzeugendes Argument aus deiner Begründungshand. Achte auf die unterschiedliche Stellung des Verbs. Lies hierzu den Tipp.**

Ich finde, wir sollten in der Schule übernachten, weil ____________________

____

Wir sollten in der Schule übernachten, denn ____________________

____

3 **Die Klassenlehrerin Frau Rose bittet ihre Schülerinnen und Schüler, ihre Vorschläge zum nächsten Klassenausflug in einem kurzen Brief zu begründen. Die Vorschläge sollen dann auf der nächsten Klassenratssitzung diskutiert werden.**

a **Lies den Brief von Konstantin. Er ist noch nicht gelungen.**

> Schwerin, den 13.11.20..
>
> Liebe Frau Rose,
>
> für unsere nächste Klassenratssitzung sollen wir einen Vorschlag machen, wie der Klassenausflug gestaltet werden kann.
> Ich schlage deshalb vor, dass wir in der Schule übernachten sollten.
>
> Viele Grüße
>
> Konstantin

b **Kreuze für jede Aussage an, ob sie für Konstantins Brief zutrifft oder nicht.**

	trifft zu	trifft nicht zu
In der Einleitung wird gesagt, um was es geht.	☐	☐
Die Meinung wird klar formuliert.	☐	☐
Die Meinung wird durch Argumente begründet.	☐	☐
Am Schluss wird ein Wunsch, ein Vorschlag oder eine Bitte formuliert.	☐	☐

4 **Überarbeite den Brief von Konstantin. Nutze hierfür deine Begründungshand von Seite 21. Nenne zwei Gründe (Argumente), warum die Klasse in der Schule übernachten soll. Du kannst die folgenden Formulierungshilfen aus dem Wortspeicher nutzen. Schreibe in dein Heft.**

Anrede	Sehr geehrte Frau ...,/ Liebe Frau ...,
Einleitung (Worum geht es?)	– Sie haben uns nach ... gefragt. – Wir sollten uns überlegen, wie ...
Meinung	– Ich bin der Ansicht/Meinung, dass ... – Ich bin für ... – Meiner Meinung nach sollten wir ...
1. Argument (Begründung)	, denn .../, weil .../, da ...
2. Argument (Begründung)	– Außerdem denke ich, dass ... – Ein weiterer Grund ist, dass ...
Schluss (Wunsch, Bitte formulieren)	– Ich hoffe, ... – Ich würde mich freuen, wenn ... – Schließlich denke ich, dass ...
Gruß und Name (Unterschrift)	Viele Grüße / Mit freundlichen Grüßen / Herzliche Grüße

⊕ **5** **Schreibe einen Brief an die Klassenlehrerin Frau Rose, in dem du einen der folgenden Vorschläge zur Übernachtung in der Schule mit zwei Argumenten begründest:**
- **Du möchtest zu einem bestimmten Thema (z. B. Gespenster, Superhelden, Außerirdische) eine Lese- oder Hörnacht veranstalten.**
- **Du möchtest in der Schulküche Essen zubereiten.**

Einen Sachtext lesen und verstehen

Methode **Textknacker: Einen Sachtext lesen und verstehen**

1. Schritt: Lies nur die Überschrift und die ersten zwei bis drei Zeilen des Textes.
Schau dir die **Abbildungen** an. Überlege: Worum könnte es in dem Text gehen? Was weißt du bereits über das Thema?

2. Schritt: Lies den Text zügig durch und unterstreiche mit einem Bleistift, was du wichtig findest.
Bilde erste **Verstehensinseln,** indem du dir klarmachst, was du beim ersten Lesen verstanden hast.
Das können z. B. bestimmte Aussagen, Beispiele oder Begriffe sein.

3. Schritt: Lies den Text gründlich, und zwar Absatz für Absatz.

- **Notiere** zu jedem Absatz ein Stichwort oder eine **Frage,** die in diesem Absatz beantwortet wird.
- **Markiere Schlüsselwörter,** die für die Beantwortung deiner Frage wichtig sind.
- **Kläre unbekannte Wörter** oder **schwierige Sätze,** die für das Verständnis des Textes wichtig sind.

4. Schritt: Informationen des Textes zusammenfassen
Fasse die wichtigsten Informationen des Textes in wenigen Sätzen, in Stichpunkten oder in einer Tabelle zusammen. Beantworte hierbei die W-Fragen (z. B.: Was …? Wie …? Warum …?).

1 Lies die Überschrift des Sachtextes und die ersten zwei bis drei Zeilen der ersten beiden Absätze.
Sieh dir die Abbildungen (▶ S. 24) an. Notiere dann in Stichworten, worum es in dem Text gehen könnte.

____

____

2 **a** Lies den Text zügig und unterstreiche mit einem Bleistift, was du wichtig findest.
b Notiere ein oder zwei Punkte (z. B. Aussagen, Beispiele, Begriffe), die du verstanden hast.

____

____

3 Lies den Text gründlich:
a Notiere zu jedem Absatz am Textrand eine Frage, die in diesem Absatz beantwortet wird.
b Markiere wie im ersten Absatz Schlüsselwörter, die für die Beantwortung deiner Fragen wichtig sind.
c Umkreise unbekannte Wörter. Kläre sie und schreibe sie mit Erläuterungen in dein Heft.

Fabelhaft schlau – Krähen bestehen Wasserkrugtest

1 In alten Geschichten treten oft besonders kluge Tiere auf. So erzählt eine antike Fabel von einer fast verdursteten Krähe, die einen halb vollen Wasserkrug entdeckt. Leider reicht ihr Schnabel nicht bis zur Wasseroberfläche, sosehr sie sich auch herunterbeugt. Da kommt ihr eine Idee: Sie lässt Kieselsteine in den Krug fallen, die das Wasser verdrängen. Dadurch steigt nach und nach der Wasserspiegel, bis die Krähe trinken kann. So rettet sie sich vor dem Verdursten.

Wie löst die Krähe in der Fabel ihr Problem?

2 Sind Krähen wirklich so schlau? Eine Universität in Neuseeland experimentiert schon seit einigen Jahren mit den Vögeln, um das herauszufinden. Dabei haben die Forscher entdeckt, dass eine bestimmte Art, die Neukaledonische Krähe, sehr gut mit Werkzeug umgehen kann. Diese Tiere basteln sich aus den Blättern einer Palme sogar eigene Angeln. Dazu nehmen sie einen Blattstiel, dessen eines Ende sie mit dem Schnabel scharf meißeln. Mit Hilfe dieses Instruments können sie dann in tiefen Löchern und Spalten nach Würmern und Larven stochern.

3 Die Forscher wollten nun untersuchen, ob die Krähen auch Aufgaben lösen können, die neu für sie sind. Dabei ließen sie sich von der Krähenfabel anregen und dachten sich ein paar pfiffige Aufgaben aus. Sie bauten Versuche auf, in denen jeweils ein Leckerbissen auf einer Korkscheibe schwamm. Den konnten die Krähen schnappen, sobald sie den Wasserspiegel durch das Versenken von genügend Objekten in die Höhe getrieben hatten.

4 Beim ersten Experiment mussten die Krähen den Unterschied zwischen schweren und leichten Gegenständen herausfinden. Sie lernten schnell, dass sich der Wasserspiegel nur durch das Versenken von schweren Objekten so weit erhöhen ließ, dass sie die Beute mit dem Schnabel erreichen konnten. Auch bei einem zweiten Versuch konnten die Tiere glänzen: Die Krähen erkannten, dass sie weit schneller an ihr Ziel kamen, wenn in einem Gefäß der Wasserstand bereits sehr hoch war. Die Gefäße mit niedrigem Wasserstand interessierten sie bald gar nicht mehr.

5 Alles in allem kamen die Forscher zu dem Schluss, dass die Neukaledonische Krähe in etwa so schlau ist wie ein fünf- bis siebenjähriges Kind. Und wenn man den Vögeln demnächst noch einen Physikkurs auf der Krähenschule anbietet, lösen sie bestimmt auch noch schwerere Rätsel.

4 **a Umkreise alle Wörter (Pronomen), mit denen die Krähe gemeint ist. Drei Pronomen sind bereits umkreist.**

In alten Geschichten treten oft besonders kluge Tiere auf. So erzählt eine antike Fabel von einer fast verdursteten Krähe, die einen halb vollen Wasserkrug entdeckt. Leider reicht ihr Schnabel nicht bis zur Wasseroberfläche, sosehr sie sich auch herunterbeugt. Da kommt ihr eine Idee: Sie lässt Kieselsteine in den Krug fallen, die das Wasser verdrängen. Dadurch steigt nach und nach der Wasserspiegel, bis die Krähe trinken kann. So rettet sie sich vor dem Verdursten.

b Kläre, auf welche Information im Satz davor sich die blau markierten Verknüpfungswörter beziehen. Ziehe Verbindungslinien.

„So" (▶ Z. 1) bezieht sich	darauf, dass Kieselsteine das Wasser verdrängen.
„Dadurch" (▶ Z. 4) bezieht sich	auf Geschichten von besonders klugen Tieren.
„So" (▶ Z. 5) bezieht sich	darauf, dass die Krähe trinken kann.

c Unterstreiche im zweiten Absatz des Textes (▶ S. 24) zwei weitere Verknüpfungswörter, die am Satzanfang stehen. Unterstreiche auch die Informationen, auf die sie sich beziehen.

5 **Fasse die wichtigsten Informationen des Textes in eigenen Worten zusammen. Beantworte dazu geeignete W-Fragen. Schreibe in dein Heft.**

Wer? → Wissenschaftler / Was? → Die Frage, ob Krähen … / Wie? → Versuch mit … Die Krähen …

Methode **Grafiken entschlüsseln**

1. Stelle fest, **worum es** in der Grafik **geht.** Hierbei hilft dir die Überschrift.
2. Untersuche, **was** in der Grafik **dargestellt wird:** Erklärt sie einen Vorgang oder den Aufbau von etwas? Gibt sie ein Größenverhältnis an oder verdeutlicht sie eine Lage, wie z. B. eine Landkarte?
3. Prüfe, ob die Grafik **Farben, Beschriftungen oder Symbole** enthält, die erklärt werden.
4. Schreibe auf, **worüber** die Grafik **informiert.**

6 **a Erkläre, welche Überschrift zu welcher Grafik passt. Setze dazu die Buchstaben der Grafiken A und B (▶ S. 24) links vor die passenden Überschriften:**

☐ Hohe und niedrige Wasserstände (Zeilen ____________)

☐ Schwere und leichte Gegenstände (Zeilen ____________)

b Untersuche, auf welche Textstellen sich die Grafiken beziehen. Notiere Zeilenangaben hinter den Überschriften.

c Formuliere in einem Satz, worüber die Grafiken informieren.

Die Grafiken zeigen ____________________

____

⊕ **7** **Fasse das Ziel des Wasserkrugtests in einem Satz zusammen. Schreibe ins Heft. Nutze die folgenden Begriffe:** ***Krähen, Zusammenhänge erkennen, nachweisen, man, können.***

Einen Erzähltext lesen und verstehen

Information **Schelmengeschichte**

Eine Schelmengeschichte (auch Schwank genannt) ist eine **kurze, lustige Erzählung.** Sie handelt von einem witzigen Ereignis oder von einem Streich, der jemandem gespielt wird. Die Helden sind **Schelme und Narren,** die ihre Mitmenschen mit einer **List** hereinlegen und ihnen damit auch eine **Lehre** erteilen.
Wie ein Witz hat auch die Schelmengeschichte **einen lustigen Höhepunkt (Pointe),** der meist darin besteht, dass der Schwächere (z. B. der Schelm, der Knecht) den Stärkeren (z. B. den Reichen, den Herrn oder den Sultan) an der Nase herumführt.
Besonders bekannte Schelme sind **Till Eulenspiegel** und **Nasreddin Hodscha.**

1 Lies die Schelmengeschichte über Till Eulenspiegel.

Hermann Bote

Eulenspiegel zieht aus

Einmal lebte Eulenspiegel für einige Wochen als Knecht bei einem reichen Kaufmann in Hildesheim. Dieser rief ihn eines Tages zu sich und sagte: „Till, diese Nacht bleib noch hier, iss und trink dich voll, aber morgen räume mir das Haus! Ich will dich nicht länger haben. Du bist ein betrügerischer Schalk.“ Eulenspiegel sprach: „Lieber Gott, ich tue alles, was man mich heißet; und doch kann ich keinen Dank verdienen. Aber gefallen Euch meine Dienste nicht, so will ich morgen nach Euern Worten das Haus räumen und wandern.“ „Ja, das tue nur“, sprach der Kaufmann.

Am andern Tag stand der Kaufmann auf und sagte zu Eulenspiegel: „Iss und trink dich satt und dann trolle[1] dich! Ich will in die Kirche gehen. Lass dich nicht wieder sehen!“ Eulenspiegel schwieg. Sobald der Kaufmann aus dem Haus war, begann er zu räumen. Stühle, Tische, Bänke und was er tragen und schleppen konnte, brachte er auf die Gasse, auch Kupfer, Zinn und Wachs. Die Nachbarn wunderten sich, was daraus werden sollte, dass man alles Gut auf die Gasse brachte.

Davon erfuhr der Kaufmann. Er kam schnell herbei und sprach zu Eulenspiegel: „Was tust du hier? Find ich dich noch hier?“ „Ja, Herr, ich wollte erst Euren Willen erfüllen, denn Ihr hießet mich, das Haus zu räumen und danach zu wandern.“ „Lass alles liegen“, wetterte der Kaufmann, „und verschwinde! Das alles hat zu viel gekostet, als dass man es in den Dreck werfen könnte.“ „Lieber Herrgott“, sprach Eulenspiegel, „ist das nicht ein großes Wunder? Ich tue alles, was man mir sagt, und kann doch keinen Dank verdienen. Es ist wahr: Ich bin in einer unglücklichen Stunde geboren.“

Damit ging Eulenspiegel von dannen und ließ den Kaufmann wieder hineinschleifen, was er ausgeräumt hatte, sodass die Nachbarn noch lange laut lachten.

1 sich trollen: *hier:* verschwinden

2 **Im Text gibt es einige ungewöhnliche Wörter. Verbinde die Wörter links mit der richtigen Bedeutung rechts. Lies dazu die Textstelle nochmals durch und beachte den Textzusammenhang.**

Knecht (▸ Z. 2)	verlassen
räumen (▸ Z. 5)	von dort weg
Schalk (▸ Z. 7)	Diener, Untergebener
Gut (▸ Z. 22)	befehlen
heißen (▸ Z. 26)	Schelm, Spitzbube
von dannen (▸ Z. 35)	Besitz

3 **Die folgenden Aussagen fassen jeweils einen Sinnabschnitt zusammen. Wähle jeweils die richtige Aussage aus und trage den Buchstaben dazu links ein. Von unten nach oben gelesen ergibt sich ein Lösungswort.**

1 ☐
2 ☐
3 ☐
4 ☐
5 ☐

1 Zeile 1 bis 12:
- **N** Till wird von einem Kaufmann aufgefordert, am folgenden Tag das Haus zu verlassen.
- **T** Till bittet den Kaufmann, ihn aus dem Dienst zu entlassen.

2 Zeile 13 bis 22:
- **U** Am nächsten Morgen räumt Till seinen eigenen Besitz auf die Straße.
- **E** Am nächsten Morgen räumt Till den Besitz des Kaufmanns auf die Straße.

3 Zeile 23 bis 30:
- **L** Der Kaufmann stellt Till zur Rede und schickt ihn wütend fort.
- **A** Die Nachbarn stellen Till zur Rede und jagen ihn fort.

4 Zeile 30 bis 34:
- **N** Till versteht, dass er einen Fehler gemacht hat, und entschuldigt sich.
- **U** Till tut so, als ob er den Ärger des Kaufmanns nicht verstehen könne.

5 Zeile 35 bis 38:
- **E** Nachdem er den Kaufmann hereingelegt hat, zieht Till weiter.
- **R** Till hilft dem Kaufmann dabei, alles wieder ins Haus zu tragen.

4 **Kreuze an, worin der Witz dieser Schelmengeschichte besteht.**

☐ Till ist zu dumm, um das Wort „räumen“ richtig zu verstehen.

☐ Till versteht das Wort „räumen“ absichtlich falsch.

5 **Fasse den Inhalt der Schelmengeschichte mit wenigen Sätzen zusammen. Deine Ergebnisse aus den Aufgaben 3 und 4 helfen dir dabei. Verwende beim Schreiben die folgenden Formulierungen. Schreibe ins Heft.**

In der Einleitung der Schelmengeschichte erfährt man …
Im Hauptteil wird erzählt, dass …
Deshalb überlegt Till sich folgende List: …
Zum Schluss …

> Schreibe **Zusammenfassungen** im **Präsens.**

6 **a** **Ordne die folgenden Informationen mit Hilfe des Textes in die Figurenskizze ein. Schreibe in die Tabelle.**

ist reich • ist erst kurz in Hildesheim • ist ein angesehener Bürger • ist ein Schelm • lebt in Hildesheim • ist arm, arbeitet als Knecht

In einer **Figurenskizze** stellst du dar, welche **Eigenschaften** die Figuren haben und in welcher **Beziehung** sie zueinander stehen.

Till Eulenspiegel	wohnt bei ihm →	Kaufmann
	←	ist reich
	←	
	→	
	→	
	←	
	←	
	→	

b **Beschreibe die Beziehung zwischen den Figuren mit Hilfe der folgenden Aussagen. Schreibe auf die Pfeile. Beachte dabei, in welche Richtung der Pfeil zeigt.**

wohnt bei ihm • wirft ihn raus • ärgert sich über ihn • ist sein Knecht • nennt ihn Betrüger • rächt sich an ihm • ist sein Chef • hält ihn für ungerecht

7 **Beschreibe die Figuren und ihre Beziehung in wenigen Sätzen. Deine Ergebnisse aus Aufgabe 6 a und b und die folgenden Formulierungen helfen dir. Schreibe ins Heft.**

In dieser Schelmengeschichte gibt es zwei Hauptfiguren, nämlich ...

Über den Kaufmann erfährt man schon am Anfang der Geschichte, dass er ... Er möchte Till nicht mehr ...

Till ärgert sich über den Kaufmann, weil ... Er ist jedoch ein Schelm und ...

⊕ **8** **In der Geschichte heißt es: „Eulenspiegel schwieg“ (▸ Z. 16). Versetze dich in Till hinein und schreibe auf, was er in diesem Moment fühlt und denkt. Fange so an:**

Na, warte! Du lebst wie ein König und mich setzt du vor die Tür.

Ein Gedicht gestaltend vortragen

Methode **Einen Gedichtvortrag vorbereiten**

1 Lies das Gedicht mehrmals leise und auch laut. Versetze dich in die Stimmung des Gedichts und mache dir klar, worum es geht.
2 Überlege dann, wie du das Gedicht betonen willst. Setze im Gedicht sparsam **Vortragszeichen,** z. B.:
– **Pausen-Zeichen:** Markiere Textstellen, an denen du eine Pause (|) machen willst, z. B. um Spannung oder Nachdenklichkeit zu erzeugen.
– **Lautstärke-Zeichen:** Notiere ◢ für „lauter“ und ◣ für „leiser“.

1 **a** Lies das Gedicht von Erwin Moser.
b Notiere mit wenigen Worten, was in diesem Gedicht beschrieben wird.

____

c Umkreise Begriffe, die die Stimmung des Gedichts passend beschreiben.

laut • ruhig • bedrohlich • erleichtert • ängstlich • nervös • fröhlich • aufregend

Erwin Moser
Gewitter

Der Himmel ist blau
Der Himmel wird grau
Wind fegt herbei
Vogelgeschrei
Wolken fast schwarz
Lauf, weiße Katz!
Blitz durch die Stille
Donnergebrülle
Zwei Tropfen im Staub
Dann Prasseln auf Laub

Regenwand
Verschwommenes Land
Blitze tollen
Donner rollen
Es plitschert und platscht
Es trommelt und klatscht
Es rauscht und klopft
Es braust und tropft
Eine Stunde lang
Herrlich bang

Dann Donner schon fern
Kaum noch zu hör’n
Regen ganz fein
Luft frisch und rein
Himmel noch grau
Himmel bald blau!

2 **a** Bereite den Vortrag des Gedichts vor. Nutze dafür die Hinweise aus dem Methodenkasten.
b Markiere im Text die Verspaare, die jeweils Anfang und Ende des beschriebenen Naturereignisses darstellen. Probiere aus, wie du diese Verse besonders wirkungsvoll betonen kannst.
c Trage das Gedicht jemandem vor und bitte um eine Rückmeldung.

Setze **Vortragszeichen** möglichst sparsam und nur da ein, wo sie für deinen Vortrag hilfreich sind.

Grammatik

Was kannst du schon?

1 **Auf jeder Karte findest du Beispiele für eine der folgenden Wortarten: Nomen (Hauptwort, Substantiv), Adjektiv (Eigenschaftswort), Artikel (Begleiter), Verb (Tätigkeitswort), Pronomen (Fürwort). Beschrifte die Karten. (5 Punkte)**

größer – klein – winzig

____

der – eine – das

____

Flug – Stern – Landung

____

schwimmt – rennen – starten

____

mir – du – ihre

____

2 **Ergänze zu jedem Wort den Singular (die Einzahl) mit dem richtigen Artikel. (4 Punkte)**

die Sterne ______________________ die Raumschiffe ______________________

die Reisen ______________________ die Erfindungen ______________________

3 **a Markiere im folgenden Text alle Verben im Präteritum (einfache Vergangenheitsform). (6 Punkte)**
b Trage die Verben in die Tabelle unten ein und notiere zu jedem Verb den Infinitiv. (6 Punkte)

Zuerst sahen wir es gar nicht. „Guck mal da", rief meine Freundin und zeigte auf ein kleines Wesen, das auf dem Schreibtisch saß. „Das sieht ja aus wie ein winziger Mensch, nur die Ohren sind anders. Und es bewegt sich wie wir!"
Das Wesen rannte, so schnell es konnte, über die Arbeitsplatte. „Ich glaube, es will sich in Sicherheit bringen. Oh, es kriecht in mein Mäppchen, wie süß."

Verben im Präteritum	Verben im Infinitiv (Grundform)

4 a Markiere im Satz unten die drei Adjektive. Ordne sie in die richtige Tabellenspalte ein. (3 Punkte)
b Vervollständige die Tabelle, indem du die fehlenden Adjektivformen ergänzt. (6 Punkte)

Das winzige Wesen war das kleinste Lebewesen, das ich je gesehen hatte, aber es sprach lauter als ein Mensch.

Positiv (Grundform)	**Komparativ** (1. Steigerungsstufe)	**Superlativ** (2. Steigerungsstufe)
______	______	______
______	______	______
______	______	______

5 Kreuze für jeden Satz (A, B, C, D) die richtige Lösung an. (4 Punkte)

A Wir nannten das kleine Wesen Mini.

Der Satz A beginnt mit ☐ dem Subjekt. ☐ dem Prädikat. ☐ einem Objekt.

B Es verstand tatsächlich unsere Sprache.

Das Objekt in Satz B steht ☐ im Nominativ. ☐ im Dativ. ☐ im Akkusativ.

C Mini erzählte uns eine unglaubliche Geschichte.

Der Satz C enthält ☐ drei ☐ vier ☐ fünf Satzglieder.

D Meine Eltern glaubten mir kein Wort.

Nach dem vierten Wort fragst du mit: ☐ Wer oder was? ☐ Wem? ☐ Wen oder was?

6 Fülle die Lücken mit den passenden Pronomen (Fürwörtern). (6 Punkte)

Mini erzählte Lisa und ______, dass sie von einem fernen Planeten komme. Auf der Urlaubsreise zum Zwergplaneten Orcus sei ______ vom Weg abgekommen. „______ Raumschiff wurde plötzlich von einem Sog erfasst und in Richtung Erde geschleudert. So landete ______ direkt hier vor ______ Haus“, berichtete Mini mit aufgeregter Stimme. Sollten ______ das wirklich glauben?

7 a Überprüfe deine Lösungen mit Hilfe des Lösungsheftes. Schreibe bei jeder Aufgabe in das Kästchen, wie viele Punkte du erreicht hast.
b Vergleiche dein Ergebnis mit der jeweiligen Höchstpunktzahl. Trage ein, wie du die einzelnen Aufgaben gelöst hast: ✓ = das meiste richtig; ? = noch etwas unsicher.

Aufgabe	1 ☐	2 ☐	3 ☐	4 ☐	5 ☐	6 ☐
weitere Übungen	Seite 32–39	Seite 33	Seite 46	Seite 36–37	Seite 49–54	Seite 35

Wortarten

Nomen/Substantive

Information **Das Nomen** (Plural: die Nomen) / **Das Substantiv** (Plural: die Substantive)

Die meisten Wörter in unserer Sprache sind Nomen (auch: Hauptwörter, Substantive).

- **Nomen** bezeichnen **Lebewesen/Eigennamen** (z. B.: *Hund, Baum, Tim*), **Gegenstände** (z. B.: *Schule, Raumschiff, Lampe*) und **Begriffe** wie Gedanken, Gefühle usw. (z. B.: *Idee, Mut, Freundschaft*).
- **Nomen** werden immer **großgeschrieben.** Man kann sie häufig an ihren **Begleitwörtern** erkennen, die den Nomen vorausgehen. Begleitwörter sind z. B.:
  - **Artikel** (bestimmter/unbestimmter), z. B.: *<u>der</u> Planet, <u>ein</u> Planet,*
  - **Adjektive,** z. B.: *<u>spannende</u> Abenteuer, <u>blauer</u> Planet, <u>große</u> Rakete.*
- **Artikel-Adjektiv-Probe:** Wenn du (in Gedanken) einen Artikel und ein Adjektiv vor das Wort setzen kannst, ist es ein Nomen, z. B.: *(das schöne) Ereignis.*

1 **Unterstreiche im folgenden Text alle Nomen. Achte auf ihre Begleitwörter. Wenn du nicht sicher bist, ob das Wort ein Nomen ist, führe die Artikel-Adjektiv-Probe durch.**

Mini vom Zwergplaneten

„Und du kommst wirklich von einem anderen Planeten?“, fragte ich das kleine Geschöpf, das auf meinem Schreibtisch saß. „Ja“, sprach es etwas genervt. „Ich weiß, dass ihr Menschen euch das kaum vorstellen könnt. Aber natürlich gibt es außer der Erde noch viele andere Himmelskörper, auf denen Leben möglich ist.“ Und tatsächlich hielt mir der Winzling eine klitzekleine Kamera vor die Nase, auf deren Bildschirm ich atemberaubende Fotos sah. „Hier siehst du, dass verschiedene Zwergenvölker unseren Planeten bewohnen.“

2 **a** **Trenne in der Wörterschlange die einzelnen Wörter durch senkrechte Striche (I) ab.**
b **Markiere dann alle Nomen.**

DIEAUßERIRDISCHEZWERGINERZÄHLTEMIREINEMENGEGESCHICHTEN, ZUMBEISPIELÜBER INTERGALAKTISCHEREISENUNDFREMDESPRACHENSOWIEMERKWÜRDIGENAHRUNGSMITTEL.

3 **Markiere mindestens sieben Nomen, die du senkrecht ↓ und waagerecht → im Wortgitter findest. Wende die Artikel-Adjektiv-Probe an, wenn du unsicher bist.**

D	K	E	S	O	N	N	E	G	L	A	C	H	A	U	J	A	D	U	M
I	I	R	A	B	E	N	T	E	U	E	R	A	L	T	A	Q	S	H	R
C	S	W	U	R	K	C	O	B	E	R	F	L	Ä	C	H	E	T	R	A
A	T	E	R	O	S	E	R	P	I	N	E	P	L	A	R	I	E	E	N
W	E	L	T	R	A	U	M	M	P	L	A	N	E	T	G	A	N	G	T
L	M	T	W	T	Ü	R	M	Z	W	E	R	G	E	M	O	N	A	T	W

Information **Nomen/Substantiv: Genus** (grammatisches Geschlecht) **und Numerus** (Anzahl)

- Nomen haben ein **Genus** (ein grammatisches Geschlecht), das man am Artikel erkennen kann, z. B.:
  - **Maskulinum** (männliches Nomen), z. B.: *der Junge, der Stern,*
  - **Femininum** (weibliches Nomen), z. B.: *die Frau, die Raumstation,*
  - **Neutrum** (sächliches Nomen), z. B.: *das Mädchen, das Kind.*

  Das grammatische Geschlecht stimmt nicht immer mit dem natürlichen Geschlecht überein, z. B.: *das Mädchen* (grammatisches Geschlecht: Neutrum; natürliches Geschlecht: weiblich).
- Nomen haben einen Numerus (eine Anzahl). Sie stehen entweder im
  - **Singular** (Einzahl), z. B.: *der Junge, die Rakete, das Sternbild* oder im
  - **Plural** (Mehrzahl), z. B.: *die Jungen, die Raketen, die Sternbilder.*

4 **a** **Ergänze bei den folgenden Nomen die bestimmten Artikel *(der, die, das).***
b **Setze dann zwei Wörter zu einem neuen Nomen zusammen. Verbinde hierzu ein Nomen aus der ersten Spalte mit einem Nomen aus der zweiten Spalte. Schreibe das neue Wort mit bestimmtem Artikel auf.**

die ______ Zeit → ______ Tasche ______________________

______ Mond ______ Maschine ______________________

______ Sport ______ Schirm ______________________

______ Regen ______ Landung ______________________

c **Wonach richtet sich der Artikel des zusammengesetzten Nomens? Schau dir dazu noch einmal die Artikel der einzelnen Nomen an. Formuliere eine Regel mit einem passenden Beispiel.**

Der Artikel eines zusammengesetzten Nomens richtet sich ______________________

____

5 **a** **Bilde den Plural zu den folgenden Nomen.**
Beachte: Manchmal verändert sich im Plural der Vokal im Wortstamm, z. B: das Glas → die Gläser.

der Flug ______________________ der Mensch ______________________

das Rad ______________________ der Hund ______________________

das Buch ______________________ das Fenster ______________________

b **Vergleiche den Artikel bei den Singular- und den Pluralformen. Was stellst du beim Artikel im Plural fest? Notiere deine Beobachtungen.**

Der Artikel im Plural lautet immer ______________________

⊕ **6** **Markiere die Nomen, die nur im Plural vorkommen.**

die Ferien • die Väter • die Leute • die Winter • die Bänke

Information **Nomen/Substantiv: Der Kasus** (der Fall)

In einem Satz erscheinen Nomen immer in einem bestimmten Kasus, also in einem grammatischen Fall. Der Kasus ist oft am Artikel oder an der Endung des Nomens erkennbar: *des Raumschiffs*.
Wenn man ein Nomen in verschiedene Kasus setzt, nennt man das **deklinieren** (beugen).
Im Deutschen gibt es **vier Kasus.** Man kann den Kasus durch Fragen ermitteln:

Kasus	Kasusfrage	Beispiele
1. Fall: **Nominativ**	Wer oder was ...?	*Die Astronautin erklärt die Regeln.*
2. Fall: **Genitiv**	Wessen ...?	*Der Helm der Astronautin ist blau.*
3. Fall: **Dativ**	Wem ...?	*Der Pilot gab der Astronautin ein Zeichen.*
4. Fall: **Akkusativ**	Wen oder was ...?	*Er informierte die Astronautin über den Start.*

7 **In welchem Kasus stehen die markierten Wörter?**
Notiere die passende Kasusfrage und schreibe dann den Kasus auf.

Bei den Weltraumzwergen	Kasusfrage	Kasus
Endlich gelang dem Expeditionsteam die Landung auf dem Zwergenplaneten.	Wem ...?	Dativ
Nach der wochenlangen Anreise waren die Forscher gespannt, wie die Begegnung mit den unbekannten Wesen verlaufen würde.	______	______
Neugierig verließen sie das Raumschiff und schauten sich auf dem Planeten um.	______	______
Plötzlich erklang ein lautes Getöse! Dann stürmten den Wissenschaftlern Hunderte von Weltraumzwergen entgegen.	______	______
„Wir kommen in Freundschaft", sprach der Kapitän in den Universalübersetzer. „Bitte nehmt euch der Erdlinge freundlich an."	______	______
Ein Chor von Stimmen erhob sich und in einer fremd klingenden Sprache begrüßte man die Erdenbewohner.	______	______

8 **Ergänze in den Lücken das Nomen mit seinem Artikel *(der, die, das)* im richtigen Kasus.**

Bei unserer Expedition lernten wir auch die Sprache ______________________ (Weltraumzwerge) kennen. Natürlich enthält ______________________ (Zwergenschrift) keinen einzigen Großbuchstaben. Kaum beschreiben kann man ______________________ (Klang) ______________________ (Worte). Mit Hilfe ______________________ (Universalübersetzer) gelang es ______________________ (Technikerin), Tonaufnahmen während des Begrüßungsfestes zu machen. Wie stellt ihr euch ______________________ (Aussprache) vor?

Pronomen

Information **Personalpronomen und Possessivpronomen**

1 Mit **Personalpronomen** *(ich, du, er, sie, es, wir, ihr, sie)* kann man **Nomen und Namen ersetzen.**
Beispiel: *Der Mond ist ein Himmelskörper. Er dreht sich um die Erde. Ich finde ihn beeindruckend.*

Personalpronomen werden wie die Nomen **dekliniert** (gebeugt):

	Singular			Plural		
Kasus	**1. Pers.**	**2. Pers.**	**3. Pers.**	**1. Pers.**	**2. Pers.**	**3. Pers.**
1. Fall: **Nominativ**	*ich*	*du*	*er/sie/es*	*wir*	*ihr*	*sie*
2. Fall: **Genitiv**	*meiner*	*deiner*	*seiner/ihrer/seiner*	*unser*	*euer*	*ihrer*
3. Fall: **Dativ**	*mir*	*dir*	*ihm/ihr/ihm*	*uns*	*euch*	*ihnen*
4. Fall: **Akkusativ**	*mich*	*dich*	*ihn/sie/es*	*uns*	*euch*	*sie*

2 **Possessivpronomen** *(mein/meine – dein/deine – sein/seine, ihr/ihre – unser/unsere – euer/eure – ihr/ihre)* geben an, **zu wem etwas gehört.** Sie **begleiten meist Nomen** und stehen **im gleichen Kasus** wie das dazugehörige Nomen: *Ich erzähle mein**en** Freund**en** von dem Traum.* (Wem? – Dativ)

1 a Ersetze die Nomen in Klammern durch Personalpronomen. Achte auf den richtigen Kasus.
b Verbinde jedes Personalpronomen mit dem Nomen, auf das es sich bezieht.

Neulich hatte Leo einen lustigen Traum: Soll ich ihn_____ (den Traum) erzählen? Leo war unterwegs ins Freibad, als er ein Raumschiff fand. Verlassen stand _____ (das Raumschiff) mitten auf der Straße. _____ (Leo) näherte sich _____ (dem Raumschiff) vorsichtig. Plötzlich sprangen drei Männer aus dem Flugkörper und gaben Leo einen Schlüssel. _____ (die drei Männer) baten _____(Leo), mit dem Raumschiff loszufliegen, um einen magischen Ring zu finden. Leo sollte _____ (den Ring) im All suchen! „Beeil dich!", riefen _____(die drei Männer) noch und waren plötzlich weg.

Vorsicht Fehler!

2 Hier verstecken sich fünf Possessivpronomen im falschen Kasus.
Streiche sie durch und schreibe die richtige Form an den Rand.

Meine Träume spielen häufig nicht auf unsere Planeten, sondern irgendwo im _____
All. Meine Mutter meint, ich schaue zu viele Science-Fiction-Filme. Das würde _____
meine Fantasie schaden. Wie sehen denn eure Träume aus? Unsere Lehrerin hat _____
es neulich in ihren Traum auf den Mond verschlagen. Ihrem Stimmung war am _____
nächsten Morgen gar nicht gut. Sie meinte, ihr sei dort oben viel zu langweilig _____
gewesen. Ihrer Schüler hätten ihr gefehlt. _____

Adjektive

Information **Das Adjektiv** (das Eigenschaftswort)

Mit Adjektiven kannst du **Eigenschaften** von Lebewesen, Dingen, Vorgängen, Gefühlen und Vorstellungen **genau beschreiben,** z. B.: *der starke Regen, der schwache Regen.*
Adjektive werden **kleingeschrieben.**
Adjektive, die vor einem Nomen stehen, haben den **gleichen Kasus wie das Nomen:** *der grüne Planet, die grün**en** Planeten, des grün**en** Planeten.*

1 **Markiere im folgenden Text alle Adjektive:**

Willkommen auf Floranus

Wenn du denkst, dass ein Besuch auf dem kleinen, grasgrünen Planeten Floranus nur etwas für ältere Hobbygärtner ist, dann weißt du natürlich noch nichts über das ungewöhnliche Volk der Floranier. Bei unserer Ankunft auf diesem fleischlosen Planeten wurden wir von riesengroßen, blättrigen Baumlingen begrüßt. Mit ihren kräftigen Ästen hoben sie uns in die Luft, setzten uns in ihre gemütlichen Baumhäuser und brachten uns zum besten Hotel am Ort. Eine wunderschöne Sonnenblume, die Hotelchefin, lachte uns mit ihrem braunen Gesicht an und stellte uns den dicken Zwiebelus als Koch und eine dünne Karottine mit hellgrünen, langen Haaren als Gästebetreuerin vor. Und das war erst der Anfang! Vergiss die stillen, stummen Gemüse- und Blumenbeete zu Hause. Mit den lebendigen Pflanzenwesen von Floranus erlebst du große Abenteuer.

2 **Beschreibe entweder eine freundliche oder eine Furcht einflößende Bewohnerin des Planeten Floranus. Markiere hierzu Adjektive im Kasten unten und setze sie im richtigen Kasus in die Lücken ein.**

Schon von Weitem sah ich sie: Die Floranierin kam mit ____________ Schritten auf mich zu. Sofort fielen mir ihre ____________ Augen auf, dann bemerkte ich ihre ____________ Hände. Ihr ____________ Körper war eingehüllt in ____________ Gewänder, die bis auf den Boden fielen. Als sie näher kam, blickte ich in ihr ____________ Gesicht. Auffallend waren auch ihre ____________ Haare. Jetzt stand sie direkt vor mir und ein ____________ Geruch stieg mir in die Nase.

dünn • dunkel • hell • prächtig • faulig • fruchtig • riesengroß • hässlich • finster • schmal • hell • unbeweglich • sanft • blau • schwarz • freundlich • böse • ängstlich • grimmig • lieblich • faltig • unangenehm • scharf • blumig • winzig • dick • schmal • schlank • zart • krallenartig • haarig • schwerfällig • leise • laut • vorsichtig • süß • langsam • schnell • struppig • borstig • kurz • stachelig

⊕ **3** **Beschreibe einen anderen Bewohner von Floranus. Wähle hierzu andere Adjektive aus dem Wortschatzkasten aus. Formuliere die Beschreibung im Heft.**

Information **Steigerung der Adjektive**

Die meisten Adjektive kann man steigern, z. B.: *schön – schöner – am schönsten*. Dadurch kann man Lebewesen und Dinge vergleichen. Es gibt drei Steigerungsstufen:

Positiv (Grundform)	Komparativ (1. Steigerungsstufe)	Superlativ (2. Steigerungsstufe)
Anne ist groß.	*Tim ist größer.*	*Bill ist am größten.*

Vergleiche mit dem **Positiv** werden mit ***wie*** gebildet: *Bill ist so groß wie Felix.*
Vergleiche mit dem **Komparativ** werden mit ***als*** gebildet: *Tim ist größer als Anne.*

4 **Vergleiche die beiden Aliens Jeti und Flint. Formuliere vier Sätze mit Komparativen.**

Name: Jeti
Gewicht: 120 kg
Größe: 2,20 m
Alter: 1200 Jahre

Name: Flint
Gewicht: 25 kg
Größe: 1,40 m
Alter: 2200 Jahre

Jeti hat mehr Beine als Flint. ____________________

____

____

____

5 **Setze in die Lücken die passenden Steigerungsformen der Adjektive.**

Der Elefant ist ____________ als der Eisbär, aber am ____________ ist der Blauwal. (schwer)

Das Känguru ist ____________ als ein Löwe, aber am ____________ ist der Gepard. (schnell)

Ein Wal kann ____________ sein als ein Wolf, aber am ____________ ist der Pistolenkrebs. (laut)

6 **Schreibe die Sätze ab und setze die richtigen Vergleichswörter (*als* oder *wie*) ein.**

Der Steinadler ist im Sturzflug genauso schnell ________ der Wanderfalke.

Bei den Vögeln sind die Geschwindigkeitsunterschiede viel größer ________ bei den Menschen.

Vögel erreichen Geschwindigkeiten von 320 km/h und sind schneller ________ Landtiere.

Präpositionen

Information **Die Präposition** (das Verhältniswort)

Präpositionen wie *in, auf, unter* drücken Verhältnisse und Beziehungen von Gegenständen, Personen oder anderem aus, z. B.:

- **örtliche Verhältnisse** *(auf dem Raumschiff): auf, hinter, neben, unter, vor, über, zwischen ...*
- **zeitliche Verhältnisse** *(nach vier Wochen): nach, vor, seit, um, während, bis, in ...*
- **Gründe** *(wegen der Dunkelheit): wegen, trotz, aufgrund ...*
- **die Art und Weise** *(mit Geduld): mit, ohne ...*

Präpositionen sind nicht flektierbar (veränderbar). Sie stehen meist vor einem Nomen und bestimmen den Kasus (Fall) des nachfolgenden Wortes (oder der Wortgruppe), z. B.: *wegen des Regens*.

1 **a** **Lies den folgenden Text und zeichne die Flugroute in die Weltraumkarte oben ein.**
b **Markiere im Text alle 16 Präpositionen.**

Nach jahrelangen Vorbereitungen geht es los. Pünktlich um zwölf Uhr mittags hebt das Raumschiff mit Überschallgeschwindigkeit von der Erde ab. Pfeilschnell schießen wir in den Weltraum und fliegen unter dem Mond entlang Richtung Sternenhaufen. Wir drosseln die Geschwindigkeit und steuern vorsichtig zwischen dem Schwarzen Loch und dem Sternbild Clown hindurch. Plötzlich taucht ein grünlich schimmernder Sternennebel vor uns auf. Trotz der Gefahr halten wir Kurs und schweben lautlos durch die Nebelfelder. Aufgrund des erhöhten Risikos muss hier mit Fingerspitzengefühl navigiert werden, denn im Nebel befindet sich ein Stern dicht neben dem anderen. Ohne Zusammenstoß erreichen wir den Planeten Floranus und sind froh, wieder festen Boden unter den Füßen zu haben.

2 **Trage die markierten Präpositionen aus dem Text oben in die richtige Tabellenspalte ein.**

örtliche Angabe (Wo? Wohin?)	**zeitliche Angabe** (Wann? Wie lange?)	**Angabe des Grundes** (Warum?)	**Angabe der Art und Weise** (Wie?)

⊕ **3** **Zeichne eine neue Flugroute von Floranus zur Erde in die Karte ein.**
Beschreibe diese Flugroute und verwende dabei viele Präpositionen. Schreibe in dein Heft.

Verben

Information **Das Verb** (das Tätigkeitswort) **und der Imperativ** (die Befehlsform des Verbs)

Mit **Verben** gibt man an, was jemand tut (z. B.: *laufen, reden*), was geschieht (z. B.: *regnen, brennen*) oder was ist (z. B.: *haben, sein, bleiben*). Verben werden **kleingeschrieben.**

- Die **Grundform des Verbs** nennt man **Infinitiv.** Dieser endet auf *-en* oder *-n: gehen, rudern.*
- Nutzt man ein Verb im Satz, bildet man die **Personalform des Verbs.** Dazu wird ein Verb **konjugiert** (gebeugt). An den **Verbstamm** wird dabei die passende **Personalendung** gehängt, z. B.: *spiel-en* (Infinitiv) → *ich spiel-**e*** (1. Person Singular), *du spiel-**st*** (2. Person Singular) usw.
  Achtung: Bei einigen Verben **wechselt** in der 2. und 3. Person Singular der **Stammvokal,** z. B.: *ich spreche → du sprichst, er/sie/es spricht; ich schlafe → du schläfst, er/sie/es schläft*

Den **Imperativ** des Verbs verwenden wir für **Aufforderungen, Bitten** und **Befehle.** Er richtet sich an eine oder mehrere Personen, z. B.: *Lauft schneller! Gib mir bitte das Salz!*

- Der **Imperativ Singular** (an eine Person gerichtet) wird durch den **Stamm des Verbs** gebildet, z. B.: *laufen → lauf!, schreiben → schreib!*
  Achtung: Bei einigen Verben **wechselt** beim Imperativ Singular der **Stammvokal** von ***e*** zu ***i,*** z. B.: *geben → gib!, sehen → sieh!, essen → iss!, lesen → lies!, sprechen → sprich!*
- Der **Imperativ Plural** (an mehrere Personen gerichtet) wird in der Regel durch den **Stamm des Verbs** mit der **Endung -*t*** gebildet, z. B.: *geben → gebt!*

1 **Konjugiere die folgenden Verben:**

ich lese, du liest, ______

ich vergesse, du ______

ich esse, ______

ich nehme, ______

2 **Ergänze die fehlenden Formen (Stamm des Verbs und Imperativformen im Singular und im Plural).**

Infinitiv	Stamm des Verbs	Imperativ Singular	Infinitiv	Stamm des Verbs	Imperativ Plural
schlafen	schlaf	schlaf!	laufen	______	______
bleiben	______	______	lesen	______	______
fahren	______	______	ziehen	______	______

3 **Formuliere mit den Verben aus dem Wortschatzkasten rechts kurze Aussagen sowie passende Befehle, Aufforderungen oder Bitten an mehrere Personen. Verwende hierbei den Imperativ. Schreibe z. B. so:**
Die Astronauten landen. Landet vorsichtig!

landen • schreiben • nehmen • öffnen • schlafen • fahren

Manchmal wird auch *-e* an den Stamm gehängt, z. B.: *reden → rede!, gehen → geh(e)!*

Wortbildung

Zusammensetzungen

Information **Zusammensetzungen**

Zwei oder mehr selbstständige Wörter können zu einem neuen Wort zusammengesetzt werden. Dieses besteht aus einem **Bestimmungswort** und einem **Grundwort.**
Das Grundwort steht immer an letzter Stelle und bestimmt Kasus, Numerus und Genus sowie die Wortart des neuen Wortes. Es wird durch das Bestimmungswort näher beschrieben, z. B.:
der Sprachforscher, die Weltraumforscherin, riesengroß, hellrot.
Manchmal muss ein **Fugenelement** zwischen Bestimmungs- und Grundwort eingefügt werden, z. B.:
-(e)s-, *-(e)n-* oder *-er-*, oder es fällt ein Buchstabe weg, z. B.:
die Forschung + das Ziel = das Forschungsziel, die Schule + die Stunde = die Schulstunde

1 **Lies den folgenden Text und markiere die zusammengesetzten Nomen und die zusammengesetzten Adjektive in zwei verschiedenen Farben.**

Schenken Sie sich eine unvergessliche Reise!

Starten Sie vom Planeten Usara aus zu einem wunderschönen Kurztrip durch die Weiten der dritten Galaxie. Unser Raumschiff „Asarix“ bietet den Reisenden jeden Komfort: Atmungsaktive Astronautenanzüge, Kabinen mit riesengroßen Fenstern sowie ein buntes Unterhaltungsprogramm mit internationalen Künstlern in Hochform. Buchen Sie noch heute!

2 **Trage die Zusammensetzungen aus dem Text in die erste Spalte der Tabelle ein. Ergänze die zweite und dritte Spalte.**

zusammengesetztes Nomen	Bestimmungs- + Grundwort	Art der Zusammensetzung
ein Kurztrip	kurz + der Trip	Adjektiv + Nomen
das		
die		
ein		
die		

zusammengesetztes Adjektiv	Bestimmungs- + Grundwort	Art der Zusammensetzung
wunderschön	das Wunder + schön	Nomen + Adjektiv

⊕ **3** **Bilde im Heft fünf Zusammensetzungen, in denen „Stern“ als Bestimmungs- oder Grundwort vorkommt.**

Ableitungen

Information **Ableitungen**

Ableitungen setzen sich aus einem **Wortstamm** mit einem **Suffix** (= Nachsilbe) und/oder einem **Präfix** (= Vorsilbe) zusammen.
An Suffixen wie *-ung, -heit, -keit, -nis, -tum* und *-schaft* erkennt man **Nomen** (z. B.: *die Klugheit*).
An Suffixen wie *-ig, -lich, -isch, -sam, -haft* und *-bar* erkennt man **Adjektive** (z. B.: *ruhig*).
Durch das Anfügen von Präfixen wie *un-, be-, ver-, miss-, er-, zer-* und *ent-* verändern Wörter ihre Bedeutung, z. B.: *beschließen, verlassen, entkommen, unnötig, Missverständnis.*

1 Im folgenden Text fehlen die typischen Nomenendungen. Ergänze sie.

Camp zur Vorbereit__________ auf die Marsreise

Nach heutiger Erkennt__________ würde ein Flug zum Mars eine gefühlte Ewig__________ dauern. Für eine Reisegesell__________, die sich diesem Abenteuer stellt, wurden nun Testpersonen gesucht. Neben der Bereit__________, sich für dieses Projekt bedingungslos einzusetzen, sollten die Bewerber vor allem Gesund__________, Ideenreich__________, Klug__________ und die Fähig__________, sich anzupassen, mitbringen. In der Ausschreib__________ für das Vorbereitungscamp hieß es weiter, man wolle durch diese Reise testen, wie Menschen das Erleb__________ verkraften, 16 Monate lang einer eingeschränkten Bewegungsfrei__________, einer eintönigen Ernähr__________ sowie einem Mangel an natürlicher Hellig__________ ausgesetzt zu sein.

2 Verwandle die Nomen und Verben durch das Anhängen eines passenden Suffixes in Adjektive und sortiere sie in die Tabelle. Beachte, dass du meist die Endung des Ursprungswortes weglassen musst.

~~vergeben~~ • Farbe • sparen • Grammatik • glauben • Ärger • vermeiden • Beispiel • brauchen • Friede • Mode • Mühe • Sand • Tropen • danken • Zauber • Wind • Sorge

-ig	-lich	-isch	-sam	-haft	-bar
	vergeblich				

3 Bilde durch Anfügen von Präfixen Ableitungen zu dem Wort „Zug" mit den folgenden Bedeutungen: *Fahrstuhl, Lüftung, Verspätung, Wohnungswechsel, Hülle, Herrenbekleidung.*

Wortarten und Wortbildung

1 Um welche Wortart handelt es sich? Ordne die grün markierten Wörter in die Liste ein. (13 Punkte)

Es gibt Menschen mit ungewöhnlichen Urlaubsplänen. Anstatt im Meer zu schwimmen oder über die Berge zu wandern, wollen sie lieber ins All fliegen. Schon bald will eine Firma Touristen mit einem Raumschiff Richtung Mond schicken. „Es war schon immer mein größter Traum, unsere Erde aus dem All zu betrachten", sagt eine der Testpersonen.

Nomen:	__________	**Präposition:**	__________
Verb:	__________	**Artikel:**	__________
Adjektiv:	__________	**Pronomen:**	__________

2 In welchem Kasus stehen die markierten Wörter und Wortgruppen? Kreuze an. (5 Punkte)

	Nominativ	Genitiv	Dativ	Akkusativ
In einem Raumschiff sind alle Körper schwerelos.	☐	☐	☐	☐
Astronauten gurten ihre Schlafsäcke in der Nacht an.	☐	☐	☐	☐
In der Schwerelosigkeit des Weltraums ist auch das Trinken nicht einfach.	☐	☐	☐	☐
„Wir geben den Astronauten spezielle Strohhalme.	☐	☐	☐	☐
Damit können sie alle Getränke aus Plastikbeuteln saugen", sagt eine Weltraumforscherin.	☐	☐	☐	☐

3 Kreuze an, um welche Verbform es sich handelt. (2 Punkte)

Halte bitte mal meinen Rucksack.	☐ Imperativ Singular	☐ 2. Person Singular	☐ Imperativ Plural
Da vorne halten zwei Busse.	☐ Infinitiv	☐ 3. Person Plural	☐ Imperativ Plural

4 Kreuze an, um welchen Wortbestandteil es sich jeweils handelt. (4 Punkte)

	Grundwort	Bestimmungswort	Präfix	Suffix
himmelblau	☐	☐	☐	☐
verhimmeln	☐	☐	☐	☐
Wolkenhimmel	☐	☐	☐	☐
himmlisch	☐	☐	☐	☐

Überprüfe deine Lösungen mit Hilfe des Lösungsheftes. Für jede richtige Antwort bekommst du einen Punkt.

☺ 24–19 Punkte	😐 18–12 Punkte	☹ 11–0 Punkte
Gut gemacht!	Gar nicht schlecht, aber lies dir die Merkkästen auf den Seiten 32–41 noch einmal genau durch.	Arbeite die Seiten 32–41 noch einmal genau durch.

Die Tempora (Zeitformen) der Verben

Das Präsens

Information **Die Zeitform Präsens** (Gegenwartsform)

Verben kann man in verschiedenen Zeitformen (Tempora) verwenden, z. B. im Präsens *(ich rede),* im Präteritum *(ich redete),* im Futur *(ich werde reden).* Die Zeitformen sagen uns, wann etwas passiert, z. B. in der Gegenwart, in der Vergangenheit oder in der Zukunft.
Das **Präsens** (die Gegenwartsform) wird verwendet,

- wenn man über etwas spricht, was **gerade jetzt** geschieht, z. B.: *Ich schaue gerade zu den Sternen.*
- wenn eine Aussage **immer** gilt, z. B.: *Die Sonne geht im Osten auf.*
- um etwas **Zukünftiges** auszudrücken. Meist verwendet man dann eine Zeitangabe, die auf die Zukunft verweist, z. B.: *Morgen besuche ich dich.*

Das Präsens wird gebildet durch den Stamm des Verbs + Personalendung (▸ S. 39), z. B.:
ich schau-e, du schau-st, er/sie/es schau-t, wir schau-en, ihr schau-t, sie schau-en.

1 **Markiere im folgenden Text alle Verbformen, die im Präsens stehen, grün.**
TIPP: Zwei Verbformen bestehen aus einem zweiteiligen Prädikat.

Was ist dunkle Materie?

Während wir am Abend die Schönheit des Sternenhimmels bestaunen, schauen die Astronomen mit ihren modernen Teleskopen Milliarden von Lichtjahren weit ins All. Die leuchtenden Sterne und Planeten, die die Forscher sehen, machen aber nur 10 Prozent des Universums aus. Die anderen 90 Prozent sind für uns Menschen unsichtbar. Die Erforschung dieser rätselhaften dunklen Materie begann schon 1930. Weltweit machten sich damals die Astronomen auf die Jagd nach der unsichtbaren Materie im Universum. Sie forschten und fanden heraus: Die rätselhafte dunkle Materie erkennt man nur an ihrer Wirkung, der Schwerkraft. Sie treibt die Galaxien auseinander, sodass die Entfernungen zwischen den Planetensystemen zunehmen. Es gibt anscheinend eine Kraft, die dafür sorgt, dass sich das Universum immer weiter ausdehnt. Diese Kraft heißt dunkle Materie.

2 **Rätselhaft: In jeder Zeile steckt ein Rätsel. Setze die Infinitive aus den Klammern ins Präsens.**
Achte dabei auf die richtige Endung bei den Verben. Schreibe dann die Lösung des Rätsels auf.
TIPP: Umkreise in jedem Satz das Wort (oder die Wortgruppe), nach dem sich die Endung des Verbs richtet.

Astronauten ______ (sehen) sie als blauen Ball. Sie ______ (fliegen) um die Sonne. die ______

Sie ______ (sein) ein riesengroßer, glühender Gasball. Sie ______ (wärmen) uns. die ______

Wir ______ (sehen) sie nur im Dunkeln als kleine Lichtpunkte. die ______

3 **Das Präsens drückt aus, was gerade geschieht (1), was immer so ist (2) oder etwas Zukünftiges (3).**
Prüfe, warum in den folgenden Sätzen das Präsens verwendet wird. Notiere dann die entsprechende Zahl.

☐	Morgen besuche ich eine Sternwarte.	☐	Um die Erde kreist der Mond.
☐	Sterne sind Kugeln aus leuchtendem Gas.	☐	Ich schaue in den Sternenhimmel.

Das Futur

Information **Die Zeitform Futur** (Zukunftsform)

Das Futur (Zukunftsform) wird verwendet, um ein zukünftiges Geschehen auszudrücken, z. B.:
Ich werde übermorgen verreisen.
Das Futur wird gebildet durch die Personalform von *werden* im Präsens + Infinitiv des Verbs, z. B.:
Ich werde verreisen, du wirst verreisen, er/sie/es wird verreisen, wir werden verreisen usw.

1 **Markiere im folgenden Text alle Futurformen.**
Beachte: Eine Futurform hat immer zwei Teile. Nicht alle Verbformen stehen im Futur.
Prüfe: Wie viele Futurformen hast du unterstrichen: 5, 9 oder 10?

Weltraumberufe: Was werden Menschen im Jahr 3000 machen?

Heute, im 21. Jahrhundert, untersuchen Geologen den Aufbau und die Geschichte der Erde. Im Jahr 3000 wird es vielleicht Planetologen geben. Sie werden im Weltraum leben. Dort werden sie die Oberfläche und die Landschaft neuer Planeten erforschen. Auch für die Biologen wird es spannende Aufgaben geben, denn sie werden die außerirdische Pflanzenwelt entdecken. Architekten werden riesige Weltraumstädte entwerfen und dort werden Menschen in schwebenden Wohnungen leben. Die Planung von Spielplätzen wird besonders kniffelig werden. Denn welche Rutsche wird ohne Schwerkraft funktionieren? Aber Hüpfburgen werden sicherlich viel Spaß machen.

2 **a** **Welche Berufe wird es im Jahr 3000 geben? Setze die folgenden Sätze in die Zeitform Futur.**

Dr. Andromix entdeckt neue, unbekannte Galaxien.

___

Die Mac-Zwillinge arbeiten im Weltraumzoo. Sie zeigen den Besuchern dort Merkur-Männchen und Pluto-Ferkel.

___

___

b **Was wirst du im Jahr 3000 tun? Schreibe zwei Sätze in der Zeitform Futur auf.**

___

___

⊕ **3** **Forme den Satz ins Präsens um.**
Achtung: Es muss trotzdem klar sein, dass der Außerirdische von der Zukunft spricht.
Schreibe in dein Heft.

Das Perfekt

Information **Die Zeitform Perfekt**

Die Zeitform **Perfekt** verwendet man meist, wenn man **mündlich von Vergangenem** erzählt oder berichtet. Das **Perfekt** ist eine **zusammengesetzte Vergangenheitsform.** Es wird mit einer Präsensform von *haben* oder *sein* und dem Partizip II gebildet, z. B.:
ich habe gelesen, du hast beobachtet, wir sind gerannt, ihr seid eingeschlafen.
TIPP: Verben der Fortbewegung bilden das Perfekt mit sein, z. B.: *ich bin gerannt, wir sind gefahren.*

1 **Markiere im folgenden Interview alle Verben, die in der Zeitform Perfekt stehen. Markiere beide Teile des Perfekts, z. B.: ... sind ... geworden.**

Interview mit einem Astrophysiker

Frage: Als Astrophysiker erforschen Sie den Weltraum und untersuchen zum Beispiel die Entstehung der Sterne. Warum sind Sie eigentlich Astrophysiker geworden?

Matthias Grupp: Der Weltraum hat mich schon als Kind begeistert. Mit dem Fernrohr meines Vaters habe ich den Himmel beobachtet und mir viele Fragen gestellt, zum Beispiel: Warum ist eigentlich noch nie ein Stern vom Himmel gefallen? Und natürlich habe ich 1969 die erste Mondlandung im Fernsehen verfolgt.

Frage: Die Mondlandung haben ungefähr 600 Millionen Menschen gesehen, aber die meisten haben dann doch gewöhnliche Berufe wie Bäcker oder Lehrerin gewählt. Sie haben das aber nicht getan. Warum?

Matthias Grupp: Ja, da ist wohl einiges mehr hinzugekommen. In der Schule haben mich die Fragen aus dem Physikunterricht besonders interessiert, zum Beispiel: Warum erscheint der Mond manchmal als Vollmond und manchmal als Sichel? Was ist die Milchstraße? Später habe ich dann Physik und Astrophysik studiert.

2 **Fülle die Lücken, indem du die Infinitive in den Klammern in die Zeitform Perfekt setzt. Beachte, dass das Perfekt aus zwei Teilen (*haben/sein* + Partizip II) besteht.**

Frage: Was haben______ Sie bisher als Astrophysiker erforscht__ (erforschen)?

Matthias Grupp: Ich ________________ in den letzten Jahren die Größe, das Alter und die Zusammensetzung von Sternen ________________ (untersuchen). Dafür ________________ ich vor drei Monaten sogar nach Südamerika ________________ (fliegen). Denn in der Atacama-Wüste in Chile ________________ Spezialisten die größten Fernrohre der Welt ________________ (entwickeln).

Frage: ________________ Sie nur wegen der Sterne in die chilenische Wüste ________________ (reisen)?

Matthias Grupp: Ja. Ich ________________ genau das ________________ (machen). Weil der chilenische Himmel zu den klarsten und dunkelsten der Welt zählt, ________________ ich dort zusammen mit einem Forschungsteam jede Nacht vor dem Fernrohr ________________ (sitzen).

Das Präteritum

Information **Die Zeitform Präteritum**

Das **Präteritum** ist eine **einfache Zeitform der Vergangenheit.** Es wird vor allem in schriftlichen Erzählungen und in Berichten (z. B. Unfallbericht) verwendet. Man unterscheidet:

- **regelmäßige** (schwache) **Verben:** Der Vokal im Verbstamm ändert sich nicht, wenn das Verb ins Präteritum gesetzt wird: z. B.: *ich besuche* (Präsens) – *ich besuchte* (Präteritum).
- **unregelmäßige** (starke) **Verben:** Der **Vokal** im Verbstamm **ändert sich** im Präteritum: z. B.: *ich sehe* (Präsens) – *ich sah* (Präteritum).

1 **a** **Ergänze die fehlenden Verbformen in der Tabelle.**
b **Markiere den Vokal im Verbstamm und kreuze an, ob es sich um ein regelmäßiges oder ein unregelmäßiges Verb handelt.**

Präteritum (Vergangenheitsform)	Präsens (Gegenwartsform)	Infinitiv (Grundform)	regelmäßig	unregelmäßig
er brachte	er bringt	bringen	☐	☒
sie las			☐	☐
sie trugen			☐	☐
ich fand			☐	☐
er merkte			☐	☐
sie halfen			☐	☐

2 **Lies hier die Geschichte, die man sich in Polynesien zum Sternbild Skorpion erzählt. Fülle dazu die Lücken, indem du die Infinitive in die Zeitform Präteritum setzt.**

Die Bewohner der Inselgruppe Polynesien sehen in dem Stachel des Skorpions einen riesigen Angelhaken. Sie erzählen sich folgende Geschichte: Ein junger Mann fuhr ______ (fahren) zum Angeln aufs Meer hinaus. Bald ______ (haben) er etwas Riesengroßes am Haken. Er ______ (sehen), dass an seiner Angel kein Fisch, sondern ein großes Stück Land mit Bäumen, Bergen und Tieren ______ (hängen). Mit einem gewaltigen Ruck ______ (ziehen) er das Land aus dem Wasser. Immer wieder ______ (entstehen) auf diese Weise neue Inseln. Man ______ (nennen) diese vielen Inseln im Pazifik später Polynesien.

Das Plusquamperfekt

Information **Die Zeitform Plusquamperfekt**

Wenn etwas vor dem passiert, wovon im Präteritum (▶ S. 46) oder im Perfekt (▶ S. 45) erzählt wird, verwendet man das Plusquamperfekt. Das Plusquamperfekt wird deshalb auch **Vorvergangenheit** genannt, z. B.: *Nachdem das Raumschiff sicher gelandet war, jubelte der Raumfahrtchef.*
davor geschehen = Plusquamperfekt — in der Vergangenheit geschehen = Präteritum

Das Plusquamperfekt besteht wie das Perfekt (▶ S. 45) aus zwei Teilen: einer Form von ***haben*** oder ***sein*** im Präteritum (z. B.: *hatte, war*) und dem **Partizip II des Verbs** (*gelandet, betreut, gesendet*), z. B.:
Nachdem wir etwas gegessen hatten, gingen wir los.
Nachdem wir im Kino angekommen waren, kauften wir die Karten.
TIPP: Die Konjunktion *nachdem* leitet oft einen Nebensatz im Plusquamperfekt ein.

1 **a** **Was passierte zuerst, was passierte danach?**
Notiere in den Klammern die entsprechenden Nummern: 1 = zuerst, 2 = danach.
b **Prüfe: Für welche Sätze trifft der Tipp aus dem Merkkasten oben zu? Kreuze an.**

Tipp trifft zu: ja nein

A Nachdem der italienische Mathematiker Galileo Galilei von der Erfindung des Fernrohrs gehört hatte (____), baute er ein solches Fernrohr nach (____). .... ☐ ☐

B Galilei entdeckte die vier größten Monde des Planeten Jupiter (____), nachdem er mehrere Wochen lang den Sternenhimmel beobachtet hatte (____). .... ☐ ☐

2 **Präteritum oder Plusquamperfekt? Setze die eingeklammerten Verben in das richtige Tempus.**

Nachdem der Sternenforscher Schiaparelli 1877 auf dem Mars lange, dunkle Linien ____________ (entdecken), ____________ (nennen) man diese Linien Marskanäle und ____________ (deuten) sie als Bauwerke von Marsmenschen. Lange glaubte man, dass es Leben auf dem Mars gibt.

Von dieser Idee ____________ (verabschieden) sich die Wissenschaftler erst, nachdem 1965 die US-Sonde „Mariner 4" Fotos vom Mars ____________ (machen).

3 **Verbinde in deinem Heft die Sätze mit *nachdem*. Achte auf die richtigen Zeitformen und die Kommasetzung.**

A Im Jahr 2016 stürzte die Marssonde „Schiaparelli" ab.
Man rätselte lange über die Ursachen des Absturzes.

B Durch einen Computerfehler befreite sich die Sonde viel zu früh von ihrem Fallschirm.
Sie stürzte ab.

C Die Sonde fiel mit einer Geschwindigkeit von 540 km/h ungebremst auf die Marsoberfläche.
Bilder zeigten die Einschlagstelle der Marssonde.

Die Tempora (Zeitformen) der Verben

1 **a** **Markiere im folgenden Text alle Verbformen. (6 Punkte)**
b **Schreibe auf, in welcher Zeitform dieser Text steht. (1 Punkt)**

Sind Sie auf der Suche nach einem galaktischen Job? Als Planetenbeschützer stoppen Sie die Verunreinigung des Weltraums inklusive unserer Erde. Wie Sie das machen? Sie verhindern bei Weltraumflügen das Mitbringen von Schadstoffen auf die Erde. Und umgekehrt unterbinden Sie den Transport von menschlichen Keimen ins All. Erforderlich für den Beruf ist ein Mathematik- oder Physikstudium.

Der Text steht in der Zeitform ______________________.

2 **Fülle die Lücken, indem du die Infinitive in die Tempusform setzt, die angegeben ist. (10 Punkte)**

Die Stelle des Planetenbeschützers ______________ (geben/Präsens) es tatsächlich. Der neunjährige Jack Davis aus den USA ______________ (lesen/Präteritum) diese Stellenausschreibung und ______________ (bewerben/Präteritum) sich auf diese Stelle bei der NASA. Er ______________ (schreiben/Präteritum): „Ich ______________ fast alle Weltraum- und Alienfilme ______________ (sehen/Perfekt). Außerdem ______________ (sein/Präsens) ich noch jung und ______________ (können/Präsens) die Sprache der Außerirdischen erlernen." Seinen Brief ______________ (unterzeichnen/Präteritum) er mit: „Hochachtungsvoll, Jack Davis, Wächter der Galaxie, 4. Klasse." Nachdem der Leiter der Abteilung für Planetenwissenschaften Jacks Brief ______________ (lesen/Plusquamperfekt), ______________ (verfassen/Präteritum) er ein freundliches Antwortschreiben.

3 **Setze den folgenden Satz in die Zeitform Futur. (1 Punkt)**

Vielleicht arbeitet Jack später wirklich als Planetenbeschützer bei der NASA.

____

Überprüfe deine Lösungen mit Hilfe des Lösungsheftes. Für jede richtige Antwort bekommst du einen Punkt.

☺ 18–14 Punkte	😐 13–9 Punkte	☹ 8–0 Punkte
Gut gemacht!	Gar nicht schlecht, aber lies dir die Merkkästen auf den Seiten 43–47 noch einmal genau durch.	Arbeite die Seiten 43–47 noch einmal genau durch.

Satzglieder

Satzglieder erkennen – Die Umstellprobe

Information **Die Satzglieder**

Ein Satz besteht aus verschiedenen Satzgliedern. Diese **Satzglieder** können aus einem **einzelnen Wort** oder aus **mehreren Wörtern** (einer Wortgruppe) bestehen. Mit der **Umstellprobe** kannst du herausfinden, **wie viele Satzglieder** ein Satz hat. Wörter oder Wortgruppen, die bei der **Umstellprobe** immer zusammenbleiben, bilden ein Satzglied, z. B.:

Ich reise mit einer Zeitmaschine zu den Wikingern.
Zu den Wikingern reise ich mit einer Zeitmaschine.

1 Paul bekommt merkwürdige Post. In einem Briefumschlag findet er die folgenden Papierschnipsel. Setze die Botschaft aus den Papierschnipseln zusammen. Schreibe den Satz auf die Linien unten.
TIPP: Schreibe am Satzanfang groß und vergiss den Punkt am Satzende nicht.

alten | das | beginnt | Abend | in | Garage | Abenteuer | heute | der

2 a Wie kannst du die Satzbausteine noch kombinieren?
Führe die Umstellprobe durch und schreibe zwei weitere Möglichkeiten auf.

b Welche Wörter und Wortgruppen bleiben beim Umstellen immer zusammen?
Umkreise diese Satzglieder mit verschiedenen Farben.

⊕ **3** Wie viele Satzglieder haben die folgenden Sätze? Nutze die Umstellprobe.
Schreibe dann die Sätze in die passende Zeile. In jeden Kasten gehört ein Satzglied.

A Paul wartet ungeduldig auf seine Freundin.
B Paul und Louisa gehen in die Garage.
C Nach fünf Minuten entdecken sie im Regal eine Zeitmaschine.

Satzglieder bestimmen – Das Prädikat als Satzkern

Information **Satzglieder: das Prädikat**

Der **Kern des Satzes** ist das Prädikat. Prädikate werden durch **Verben** gebildet. In einem Aussagesatz steht die Personalform des Verbs (der gebeugte Teil) immer **an zweiter Satzgliedstelle,** z. B.:
Paul reist mit einer Zeitmaschine in die Vergangenheit.
Ein Prädikat kann aus mehreren Teilen bestehen, die eine Prädikatsklammer bilden, z. B.:

- bei mehrteiligen Verben, z. B.: *anschauen – Aufgeregt schaut sich Paul die Zeitmaschine an.*
- bei zusammengesetzten Zeitformen, z. B.: *Ich habe eine Zeitmaschine entdeckt.* (Perfekt)
  Sie sind ins Weltall geflogen. (Perfekt)

1 **a Forme den Satz mit Hilfe der Umstellprobe in zwei weitere Satzvarianten um.**
b Umkreise das Satzglied, das bei allen Umstellungen an der zweiten Satzgliedstelle bleibt.

Paul und Louisa füttern die Zeitmaschine mit Jahr und Ort der Landung.

2 **Umkreise bei den folgenden Sätzen alle Prädikate. Bei manchen Sätzen besteht das Prädikat aus zwei Teilen. Mache diese Prädikatsklammer durch eine Klammer wie im Merkkasten oben deutlich.**

- Louisa und Paul sind mit der Zeitmaschine in der Steinzeit angekommen.
- In dieser Zeit stellte man alle Waffen und Werkzeuge aus Stein her.
- In der Steinzeit lebten die Menschen als Bauern und Viehzüchter an einem Ort.
- Die wichtigste Errungenschaft in dieser Zeit war die Entdeckung des Feuers.
- Es diente zum Erhitzen des Essens und als Schutz gegen wilde Tiere.
- In der Steinzeit sind die Menschen nicht einfach zum Arzt gegangen.
- Stattdessen fertigten sie aus Heilkräutern Salben und Tees an.

⊕ **3** **Bilde aus den Schlagzeilen vollständige Sätze im Präteritum. Umkreise die Wörter, die das Prädikat bilden. Nimm Grün für die Personalform des Verbs und Blau für den restlichen Teil des Verbs. Prüfe: Steht der von dir mit Grün markierte Teil an zweiter Satzgliedstelle?**

Formel-1-Favorit nach erster Runde aufgegeben • Astronaut nach einem Jahr aus dem All zurückgekommen

Satzglieder erfragen – Das Subjekt

Information **Satzglieder: das Subjekt**

Das Satzglied **Subjekt** gibt an, **wer oder was handelt oder etwas tut,** z. B.:
Der Junge untersucht die Zeitmaschine.

- Das Subjekt erfragt man (vom Prädikat aus) mit der **Frage:** ***Wer oder was ...?***
  Die Zeitmaschine besteht aus Metall. – Wer oder was besteht aus Metall?
- Das Subjekt kann **aus einem oder mehreren Wörtern** bestehen. Um das herauszufinden, wende die Umstellprobe an. *Die neu entwickelte Zeitmaschine funktionierte zuerst nicht.*
- Das Subjekt eines Satzes steht **immer im Nominativ** (▶ 1. Fall, S. 34).
- **Prädikat und Subjekt** sind eng miteinander verbunden. Sie müssen im **Numerus** (Anzahl) **übereinstimmen,** z. B.: *Die Kinder rennen. Das Kind rennt.*

1 **Erfrage bei den folgenden Sätzen alle Subjekte und unterstreiche sie dann in den Sätzen. Stelle dir hierzu im Kopf die Frage nach dem Subjekt, z. B.:** Wer oder was steht bei unserer Zeitreise ...? **Achtung: Das Subjekt kann aus einem oder mehreren Wörtern bestehen.**

– Die Zeit des alten Ägyptens steht bei unserer Reise mit der Zeitmaschine ganz oben auf der Liste.

– Die alten Ägypter betrieben einen aufwendigen und geheimnisvollen Totenkult.

– Nach ägyptischem Glauben konnte die Seele eines Menschen nur in einem unversehrten Körper weiterleben.

– Deshalb mumifizierten die Ägypter die Verstorbenen mit einem speziellen Verfahren.

– Für das Leben im Jenseits legten die Angehörigen dem Toten auch Kleidung, Schmuck und Nahrung ins Grab.

⊕ **2** **Prüfe, ob Subjekt und Prädikat im Numerus übereinstimmen. Streiche falsche Prädikate durch und schreibe das Prädikat, das im Numerus zum Subjekt passt, auf die Linie.**

Vorsicht Fehler!

Warum gab es im alten Ägypten Pyramiden? Den Ägyptern war ihre Könige so wichtig, dass sie ihnen riesige Grabstätten, die Pyramiden, bauten. Der Weg zur Grabkammer des Königs führen durch dunkle Tunnel und geheime Gänge. Keine Grabräuber sollte die letzte Ruhestätte des Pharaos stören. Deshalb waren auch der Eingang zur Pyramide versteckt.

______
______
______
______
______
______

Satzglieder erfragen – Akkusativ- und Dativobjekte

Information **Satzglieder: die Objekte**

Ein Satz *(Louisa schreibt.)* kann durch weitere Satzglieder erweitert werden, z. B. durch Objekte, z. B.:
Louisa schreibt ihrem Freund eine Mail.
Wem ...? (Dativobjekt) – Wen oder was ...? (Akkusativobjekt)

- **Akkusativobjekt** heißt das Objekt, das du mit **„Wen oder was ...?“** erfragst. Es steht im Akkusativ, z. B.: *Wen oder was lieben Louisa und Paul? – Louisa und Paul lieben die Zeitmaschine.*
- **Dativobjekt** heißt das Objekt, das du mit **„Wem ...?“** erfragst. Es steht im Dativ, z. B.: *Wem glauben ihre Eltern nicht? – Ihre Eltern glauben den beiden nicht.*

Objekte können aus einem oder mehreren Wörtern bestehen.

1 **Erfrage in den folgenden Sätzen die markierten Objekte.**
Notiere dann, ob es sich um ein Akkusativ- oder ein Dativobjekt handelt.
TIPP: Ermittle zuerst das Prädikat des Satzes und frage dann nach den unterstrichenen Objekten.

Beispielsätze	Frage	Art des Objekts
Louisa und Paul suchen ein neues Ziel für ihre Zeitreisen.	Wen oder was ...?	
Paul würde gerne einem berühmten Genie begegnen.		
Louisa lockt das Italien des 15. Jahrhunderts.		
Schließlich entscheiden sie sich: Sie werden Leonardo da Vinci einen Besuch abstatten.		

2 **Bilde Sätze mit Akkusativ- und Dativobjekt. Passe Artikel und Endung an den Kasus an. Schreibe in dein Heft.**

Leonardo da Vinci •	verrät •	der Künstler •	Erfolg.
Paul •	wünscht •	die beiden •	eine Skizze der „Mona Lisa“.
Der Erfinder •	schenkt •	die Kinder •	seine neuesten Ideen.

3 **a** **Ordne die folgenden Verben richtig ein:**
erkennen, helfen, begrüßen, gehören, glauben, gratulieren.
b **Suche dann für jede Spalte noch mindestens zwei weitere Verben.**

Diese Verben fordern ein Dativobjekt (Frage: Wem ...?)	Diese Verben fordern ein Akkusativobjekt (Frage: Wen oder was ...?)

Genaue Angaben machen – Adverbiale Bestimmungen

Information **Satzglieder: adverbiale Bestimmungen** (auch: Adverbialien)

- **Adverbiale Bestimmungen** (Umstandsbestimmungen) sind Satzglieder, die man mit den Fragen **Wann ...?, Wo ...?, Warum ...?, Wie ...?** ermittelt. Sie liefern zusätzliche Informationen über den **Ort,** über die **Zeit,** über den **Grund** und über die **Art und Weise** eines Geschehens oder einer Handlung.
- Adverbiale Bestimmungen können aus einem oder mehreren Wörtern bestehen.

Frageprobe	Satzglied	Beispiel
Wo? Wohin? Woher?	adverbiale Bestimmung **des Ortes**	*Wo steht die Zeitmaschine?* *Die Zeitmaschine steht in der Garage.*
Wann? Wie lange? Seit wann?	adverbiale Bestimmung **der Zeit**	*Wann reisen wir in die Vergangenheit?* *Heute reisen wir in die Vergangenheit.*
Warum? Weshalb?	adverbiale Bestimmung **des Grundes**	*Warum reisen wir nicht allein?* *Wegen der Gefahren reisen wir nicht allein.*
Wie? Auf welche Weise? Womit?	adverbiale Bestimmung **der Art und Weise**	*Wie reisen wir durch die Zeit?* *Wir reisen heimlich durch die Zeit.*

1 **Mit welchen Fragen kannst du die markierten adverbialen Bestimmungen erfragen?**
- **Notiere das Fragewort.**
- **Kreuze dann an, um welche adverbiale Bestimmung es sich jeweils handelt.**

Adverbiale Bestimmung

Paul und Louisa starten ihre nächste Zeitreise zu den Wikingern.

Fragewort: ______________________

☐ der Zeit ☐ des Grundes ☐ des Ortes ☐ der Art und Weise

Diese Nordmänner waren wegen ihrer Raubzüge sehr gefürchtet.

Fragewort: ______________________

☐ der Zeit ☐ des Grundes ☐ des Ortes ☐ der Art und Weise

Zwischen dem 8. und 11. Jahrhundert fuhren sie von Skandinavien aus zur See.

Fragewort: ______________________

☐ der Zeit ☐ des Grundes ☐ des Ortes ☐ der Art und Weise

Die Krieger trugen keine Hörnerhelme, aber sie traten mit einer furchterregenden Kriegsbemalung auf.

Fragewort: ______________________

☐ der Zeit ☐ des Grundes ☐ des Ortes ☐ der Art und Weise

Der letzte Wikingerkönig Erik Blutaxt verbreitete aufgrund seines Namens Angst und Schrecken.

Fragewort: ______________________

☐ der Zeit ☐ des Grundes ☐ des Ortes ☐ der Art und Weise

2 Setze passende adverbiale Bestimmungen aus dem Wortspeicher unten ein.
Die Fragen in Klammern geben dir Hinweise.
TIPP: Es gibt manchmal mehrere Möglichkeiten. Du kannst auswählen.
Achte aber darauf, dass deine Einsetzungen zum Inhalt der Geschichte passen.

Auf den Spuren von Ivar dem Knochenlosen

Neugierig ____ (Wie?) verlassen Louisa und Paul ihre Zeitmaschine. Sie blicken sich um und sehen eine steile Gebirgskette, die sich im Meer spiegelt. „Wir befinden uns ____ (Wo?)“, ruft Louisa ____ (Wie?). „Und ____ (Wo?) sehe ich die riesigen Wikingerschiffe.“ Als die beiden ____ (Wo?) ankommen, hören sie ein lautes, tiefes Gelächter. „Wer seid ihr Winzlinge?“ Ein bärtiger Nordmann baut sich ____ (Wie?) vor ihnen auf. Paul und Louisa bleibt ____ (Warum?) der Mund offen stehen. „Ho, ho“, dröhnt der Wikingerkönig. „Ich bin Ivar der Knochenlose und ihr sollt meine Gäste sein.“ ____ (Wann?) stehen Paul und Louisa ____ (Wo?). Der Wikinger erklärt ihnen, dass die riesigen Segel weder Regen noch Wind durchlassen, weil sie mit Tierfett behandelt sind. „Weht kein Wind, kommen die Ruder zum Einsatz“, erklärt Ivar und zeigt auf die beiden Ruderreihen. „Unsere Schiffe sind ____ (Warum?) sehr schnell“, erzählt Ivan ____ (Wie?). Ob die Kinder dem Wikingerkönig ____ (Wann?) ihr Gefährt zeigen sollen? Wird er verstehen, wer sie sind und woher sie kommen?

im Land der Wikinger • dort • kurze Zeit später • wegen ihrer leichten Bauweise • im Hafen • da hinten • ~~neugierig~~ • aufgeregt • voller Stolz • später • auf dem Deck des Drachenbootes • vor lauter Schreck • blitzschnell

Nomen/Substantive näher erläutern – Attribute

Information **Das Attribut** (die Beifügung; Plural: die Attribute)

Attribute bestimmen ein Nomen/Substantiv näher. Sie sind Teil eines Satzglieds und bleiben bei der Umstellprobe fest mit ihrem Bezugswort verbunden, z. B.:
Ich | bewohne | ein altes Haus. → Ein altes Haus | bewohne | ich.

Attribute kann man mit **„Was für ein/e ...?“** erfragen.
Sie können **vor oder nach ihrem Bezugswort** stehen, z. B.: *Was für ein Haus?*

→ *ein altes Haus*	**Adjektivattribut**
→ *ein Haus der Vorstadt*	**Genitivattribut**
→ *ein Haus mit Fachwerk*	**präpositionales Attribut**
→ *ein Haus, das Kaufleuten gehört*	**Attributsatz**

1 **Louisa und Paul haben bei ihrer Reise in die Vergangenheit eine mittelalterliche Stadt besucht. Der folgende Bericht gibt ihre Eindrücke wieder.**

a **Vervollständige den Lückentext, indem du die passenden Attribute aus dem Kasten unten einfügst.**

b **Unterstreiche im Text die Adjektivattribute rot, die Genitivattribute blau, die präpositionalen Attribute grün und die Attributsätze gelb.**

Stadtleben im Mittelalter

In der mittelalterlichen Stadt lebten die Menschen oft in ____________ Gassen. Die Häuser ______________________________ waren sehr dicht aneinandergebaut. Von einem Stockwerk zum nächsten führten Treppen ______________, ____ ______________________________. ______________ Waren lagerten die Kaufleute auf dem Dachboden, da sie in den ____________ Kellern ____________ schimmlig geworden wären. Weil man die Ware auf den __________ Stiegen nicht nach oben bekommen hätte, zog man sie mit Hilfe von Flaschenzügen an __________ Seilen zur ____________ Dachluke empor. Kaufleute, ____, beschäftigten ________ Tagelöhner, ____.

wertvolle • ~~mittelalterlichen~~ • die wir heute eher als Leitern bezeichnen würden • langen • aus Holz • feuchten • die nicht genügend Lehrlinge hatten • arme • der Stadtbewohner • engen • steilen • der Häuser • die sich täglich neue Arbeit suchen mussten • offenen

⊕ **2** **Lies den obigen Bericht einmal mit und einmal ohne die Attribute. Beschreibe in einem Satz, wie sich der Text durch die Attribute verändert. Beginne so:** Durch die Attribute …

Texte überarbeiten – Sätze mit Proben verbessern

Information **Texte überarbeiten: Umstellprobe, Ersatzprobe, Weglassprobe, Erweiterungsprobe**

- **Umstellprobe:** Satzglieder werden umgestellt; Ziel: Satzanfänge abwechslungsreicher gestalten.
  Beispiel: *Wir wollen morgen in die Zukunft reisen. Wir sind sehr gespannt auf diese Reise.*
  → *Wir wollen morgen in die Zukunft reisen. Auf diese Reise sind wir sehr gespannt.*
- **Ersatzprobe:** Wörter und Wortgruppen werden ersetzt; Ziel: Wortwiederholungen vermeiden.
  Beispiel: *Ich liebe Zeitreisen. ~~Zeitreisen~~ Sie sind sehr interessant.*
- **Weglassprobe:** Überflüssiges wird gestrichen; Ziel: Texte straffen, Wiederholungen vermeiden.
  Beispiel: *Wenn es Zeitmaschinen gibt, werde ich mich sehr ~~über die Zeitmaschinen~~ freuen.*
- **Erweiterungsprobe:** Hilfreiches wird ergänzt; Ziel: genau und anschaulich schreiben.
  Beispiel: *Ich habe ✓ eine Zeitmaschine gesehen. Ich habe in unserer Garage eine Zeitmaschine gesehen.*

1 **Überarbeite den Text mit Hilfe der Umstellprobe, sodass die Satzanfänge abwechslungsreicher werden. Schreibe in dein Heft.**

Louisa und Paul wollen nun etwas Neues wagen. Sie möchten nach ihren spannenden Ausflügen in die Vergangenheit eine Reise in die Zukunft antreten. Louisa und Paul müssen hierzu den Antrieb der Zeitmaschine auf Warpgeschwindigkeit erhöhen. Sie treffen sich nachts in der Garage und basteln gemeinsam an dem neuen Programm für den Bordcomputer. Louisa und Paul empfangen um 5:45 Uhr das Signal „Warpfaktor 1“.

2 **Überarbeite den folgenden Text. Korrigiere alles, was sich wiederholt oder umständlich klingt. Gehe so vor:**

a **Markiere zuerst im Text alle Wiederholungen.**

b **Entscheide dann:**

- **Weglassprobe: Willst du ein Wort oder eine Textpassage weglassen, streichst du sie einfach durch.**
- **Ersatzprobe: Willst du die Wiederholung durch ein anderes Wort ersetzen, streichst du das Wort durch und ersetzt es am Rand durch ein anderes (z. B. ein Pronomen).**

Langsam kommt die Maschine zum Stehen. Die beiden steigen aus ~~der Maschine aus~~. Wo sind ~~die beiden~~ gelandet? Hier scheint es überhaupt keine Menschen zu geben. Stattdessen prägen Roboter das Bild. Emsig stiefeln Roboter durch die Straßen und das Knacken und Piepen der Roboter ersetzt das Geräusch menschlicher Gespräche. Aber es muss doch irgendwo auch jemanden geben, der diese Roboter programmiert? Nach langem Suchen entdecken Louisa und Paul ein großes, rundes Gebäude voller Menschen. In dem runden Gebäude sieht es aus wie im Schlaraffenland. Und selbstverständlich arbeiten auch hier nur die Roboter. In Windeseile liefern die Roboter kleine Leckerbissen, die Roboter servieren Getränke und die Roboter schaukeln Hängematten, in denen die Menschen wie Faultiere herumliegen. Vergeblich suchen Louisa und Paul einen Ort zum Lernen. Plötzlich entdecken sie etwas Interessantes: eine Schule für Roboter. Roboter scheinen hier auch noch das Lernen zu übernehmen. Wirklich ein wahres Paradies!

sie

Satzglieder

1 Kreuze die zutreffenden Aussagen an. Manchmal sind mehrere Möglichkeiten richtig. (5 Punkte) ☐

A Das Subjekt gibt an,	☐ wie etwas ist.	☐ wer oder was etwas tut.	☐ warum etwas geschieht.
B Nach dem Akkusativobjekt fragt man mit:	☐ Wer oder was ...?	☐ Wo oder wohin ...?	☐ Wen oder was ...?
C Es gibt adverbiale Bestimmungen	☐ aus einem Wort.	☐ aus zwei Wörtern.	☐ aus drei Wörtern.

**2 Mit welchen Fragen kannst du die unterstrichenen Satzglieder erfragen?
Notiere das Fragewort. Schreibe dann auf, um welches Satzglied es sich handelt. (10 Punkte)** ☐

Nach ihrer Zeitreise in die Zukunft wollen Louisa und Paul wieder in die Gegenwart zurückkehren.

Fragewort: ______________ Satzglied: ______________________________

Sie schalten den Bordcomputer auf „Gegenwart".

Fragewort: ______________ Satzglied: ______________________________

Mit großem Getöse startet die Maschine.

Fragewort: ______________ Satzglied: ______________________________

Die beiden schauen sich erschrocken an.

Fragewort: ______________ Satzglied: ______________________________

Diese Geräusche haben sie noch nie gehört.

Fragewort: ______________ Satzglied: ______________________________

3 Markiere die vorgegebenen Satzglieder in den Beispielsätzen. (6 Punkte) ☐

Subjekt	Schlagartig kommt die Maschine zum Stillstand.
Prädikat	Durch die Fenster sehen Louisa und Paul einen Dinosaurier.
Adverbiale Best. der Art und Weise	Verzweifelt aktivieren sie die Warpgeschwindigkeit.
Adverbiale Best. der Zeit	Nach quälenden Sekunden reisen sie weiter in Richtung Gegenwart.
Akkusativobjekt	Kaum angekommen betätigen sie den Schleudersitz.
Adverbiale Best. des Ortes	Mit einem ohrenbetäubenden Knall explodiert unter ihnen das Gefährt.

Überprüfe deine Lösungen mit Hilfe des Lösungsheftes. Für jede richtige Antwort bekommst du einen Punkt.

☺ 21–15 Punkte	😐 14–8 Punkte	☹ 7–0 Punkte
Gut gemacht!	Gar nicht schlecht, aber lies dir die Merkkästen auf den Seiten 49–56 noch einmal genau durch.	Arbeite die Seiten 49–56 noch einmal genau durch.

Satzarten unterscheiden

Die Satzreihe – Hauptsätze verknüpfen

Information **Die Satzreihe: Hauptsatz + Hauptsatz**

- Eine Satzreihe besteht aus **zwei oder mehr Hauptsätzen.** Die einzelnen Hauptsätze einer Satzreihe werden durch ein Komma voneinander getrennt, z. B.:
  Der Schriftsteller Ferdinand Lutz erzählt Geschichten, er schreibt über Außerirdische.
  In einem einzelnen Hauptsatz steht die **Personalform des Verbs** (das gebeugte Verb) an **zweiter Satzgliedstelle.**
- Häufig werden die Hauptsätze durch die nebenordnenden Konjunktionen (Bindewörter) *und, oder, aber, sondern, denn, doch* verbunden, z. B.:
  Ich habe dieses Buch gerne gelesen, denn die Geschichte ist lustig.
  Achtung: Nur vor den Konjunktionen *und* bzw. *oder* darf das Komma wegfallen.

1 **a** **Verknüpfe jeweils zwei Hauptsätze zu einer Satzreihe. Verwende dazu passende Konjunktionen aus dem Wortspeicher. Achte auf die Kommasetzung. Schreibe ins Heft.**

und • sondern • oder • denn • aber • doch

Buchempfehlung

Ferdinand Lutz: Q-R-T – Der neue Nachbar

Der Außerirdische Q-R-T sieht wie ein normaler Junge aus.
Er ist schon 122 Jahre alt.

Von einem fernen Planeten kommt Q-R-T auf die Erde.
Er möchte die Menschen und ihr seltsames Verhalten erforschen.

Mit seinem Haustier Flummi zieht er in eine große Wohnsiedlung.
Dort leben genügend „Studienobjekte".

Flummi ist nicht nur tollpatschig.
Er kann auch jede beliebige Gestalt annehmen.

Flummi begleitet Q-R-T bei seinen Abenteuern.
Er rettet den Alienjungen immer wieder aus brenzligen Situationen.

Argwöhnisch beobachten die Nachbarn Q-R-T.
Zum Glück halten die Erdlinge ihn nur für ein sehr merkwürdiges Kind.

b **Trenne die Hauptsätze deiner Satzreihen durch senkrechte Striche ab und umkreise die nebenordnenden Konjunktionen, z. B.:**

Der Außerirdische Q-R-T sieht wie ein normaler Junge aus, | (aber) er ist schon 122 Jahre alt.

⊕ **2** **Aus wie vielen Hauptsätzen besteht die folgende Satzreihe? Notiere das Ergebnis unten:**

Ich lese gern Geschichten über Außerirdische, denn in diesen Geschichten gibt es Aliens oder ein UFO landet auf der Erde und Außerirdische erforschen uns Menschen, aber Fantasygeschichten finde ich auch richtig spannend.

Die Satzreihe besteht aus ______ Hauptsätzen.

Das Satzgefüge – Hauptsatz und Nebensatz verknüpfen

Information **Das Satzgefüge: Hauptsatz + Nebensatz**

Ein Satzgefüge besteht aus einem Hauptsatz und mindestens einem weiteren Nebensatz.
Zwischen dem Hauptsatz und dem **Nebensatz** muss **immer ein Komma** stehen, z. B.:

Satzgefüge: **Hauptsatz** + **Nebensatz**

Ich <u>lese</u> das Buch, <u>weil</u> ich mich für Außerirdische <u>interessiere</u>.

Personalform des Verbs an zweiter Satzgliedstelle – Komma – Konjunktion – Personalform des Verbs am Satzende

- Ein Nebensatz kann nicht ohne einen Hauptsatz stehen. Er ist dem Hauptsatz untergeordnet und wird oft durch eine **unterordnende Konjunktion** (Bindewort) **eingeleitet,** z. B.: *weil, da, obwohl, damit, wenn, dass, sodass, nachdem, während, bevor.*
- Die **Personalform des Verbs** (das gebeugte Verb) steht im Nebensatz **am Satzende.**

1 **Im folgenden Text findest du viele Satzgefüge. Kennzeichne die Nebensätze in den Satzgefügen. Gehe so vor:**
- **Umkreise die unterordnenden Konjunktionen, die die Nebensätze einleiten, und die Personalform des Verbs (das gebeugte Verb) am Ende des Nebensatzes.**
- **Markiere dann die Nebensätze.**

Buchempfehlung

Hubert Schirneck: Matratzen zum Frühstück oder Die erste intergalaktische Fußballweltmeisterschaft

Wir befinden uns im Jahr 2811. Zum ersten Mal treffen sich die Fußballmannschaften verschiedener Planeten, weil auf der Erde eine galaktische Weltmeisterschaft stattfindet. Und dabei entstehen natürlich gewisse Probleme, da zum Beispiel die fünfbeinigen Kicker vom Planeten Klardemox unschlagbar sind. Ich habe bei diesem Buch immer wieder laut gelacht, obwohl ich gar kein richtiger Fußballfan bin. Nachdem ich die ersten Seiten gelesen hatte, konnte ich das Buch nicht mehr aus der Hand legen. Wenn ihr Fußball- oder Alienfans seid, empfehle ich euch dieses Buch.

2 **Untersuche die folgenden Satzgefüge: Steht der Nebensatz vor oder nach dem Hauptsatz? Notiere den richtigen Buchstaben:** v **= Nebensatz vor dem Hauptsatz;** n **= Nebensatz nach dem Hauptsatz.**
<u>TIPP</u>: So kannst du den Nebensatz bestimmen: Markiere die Konjunktion, die den Nebensatz einleitet, und die Personalform des Verbs, die im Nebensatz am Ende steht.

Die Geschichte von der ersten intergalaktischen Fußballweltmeisterschaft beginnt im Jahr 2811, als das Raumschiff „Argus“ auf dem Planeten Klardemox landet. .... ☐

Obwohl die Fortschritte in der Raumfahrttechnik sogar Kurzurlaube am anderen Ende der Milchstraße ermöglichen, ist der Planet Klardemox den Erdlingen bisher noch unbekannt. .... ☐

Die Klardemoxianer wundern sich über das Aussehen der Erdbewohner, da sie selbst fünf Beine und drei Arme haben. .... ☐

Und natürlich sind die Klardemoxianer Meister im Fußballspielen, nachdem sie 3000 Jahre lang mit fünf Beinen und drei Armen trainiert haben. .... ☐

3 **Verknüpfe die folgenden Sätze zu Satzgefügen. Verwende dazu die angegebenen Konjunktionen. Achte auf die Kommasetzung zwischen Hauptsatz und Nebensatz.**
Tipp: Wenn der Nebensatz hinter dem Hauptsatz steht, steht das Komma immer vor der Konjunktion.

Die Erdlinge stellen den Klardemoxianern viele Fragen.
Sie wollen etwas über die Lebensweise dieser fünfbeinigen Außerirdischen erfahren. — weil

Die Außerirdischen schwärmen von ihrer Fußballmannschaft und ihren Abseitsregeln.
Ihre Augen leuchten beim Interview. — während

Die Klardemoxianer besiegen bei den Fußballspielen natürlich alle Mannschaften.
Sie haben zum Kicken fünf Beine. — da

4 **Bei den folgenden Sätzen sind die Konjunktionen falsch verwendet worden. Streiche die falsche Konjunktion durch und schreibe eine passende Konjunktion darüber.**
Tipp: Überlege, wie du die drei Konjunktionen sinnvoll vertauschen kannst.

Vorsicht Fehler!

Obwohl plötzlich alle Lust zum Fußballspielen haben, machen sie sich auf den Weg zum Fußballstadion. Als Fußballfeld müssen die Klardemoxianer einen steinigen Meteoritenkrater nutzen, **nachdem** die Außerirdischen gern einen weichen Fußballrasen hätten. **Weil** die Erdlinge die Fußballgewohnheiten auf dem Planeten Klardemox kennengelernt haben, reisen sie mit ihrem Raumschiff weiter zu anderen Fußballplaneten.

5 **Zeichne unter die Sätze B und C jeweils einen Satzbauplan. Orientiere dich an dem Muster von Satz A.**

A Die Astronauten tragen die Trikots der Klardemoxianer, obwohl diese Sporthemden eine überflüssige Öffnung für den dritten Arm haben.

——— Hs ———,
——— Ns ———.

B Obwohl sich die Astronauten sehr anstrengen, verlieren sie das Spiel gegen die fünfbeinigen Gegner 85:0.

C Nach dieser Niederlage laden die Erdlinge die galaktischen Gewinner zu einer Revanche auf die Erde ein, sodass die erste intergalaktische Fußballweltmeisterschaft stattfindet.

Satzreihe und Satzgefüge

1 a Satzreihe oder Satzgefüge? Kreuze für jeden Satz (A, B, C) das Richtige an. (6 Punkte)
b In zwei Sätzen findest du Konjunktionen. Markiere sie. (2 Punkte)

	Satzreihe	Satzgefüge
A Nach Definition des Internationalen Luftsportverbandes beginnt der Weltraum in einer Höhe von 100 km über der Erdoberfläche, die Raumstation ISS umkreist die Erde in 400 km Höhe.	☐	☐
B Auf der Erde gibt es Sauerstoff, Wasser und relativ angenehme Temperaturen, aber im sauerstofflosen Weltraum ist es mit minus 270 Grad unglaublich kalt.	☐	☐
C Der Mensch kann also nur im Weltraum leben, wenn er sich mit Hilfe komplizierter Technik eine Umgebung wie auf der Erde schafft.	☐	☐

2 Welcher Satzbauplan passt zu dem folgenden Satz? Kreuze an. (2 Punkte)

Obwohl viele Sterne, Monde und Planeten von der Erde unvorstellbar weit entfernt sind, kannst du sie in klaren Nächten mit dem Fernrohr beobachten.

☐ ______ Hs ______ , ______ Ns ______ .

☐ ______ Ns ______ , ______ Hs ______ .

3 Bei den folgenden Sätzen sind die Konjunktionen falsch. Streiche die falschen Konjunktionen durch und schreibe die passenden Konjunktionen darüber. (2 Punkte)

Der Astronaut Alexander Gerst landete im November 2014 wieder auf der Erde, da er fast 166 Tage im All verbracht hatte.

Im Jahr 2018 startete er zur nächsten Weltraummission, obwohl ihm das Leben und Forschen im Weltraum gut gefallen hatte.

Überprüfe deine Lösungen mit Hilfe des Lösungsheftes. Für jede richtige Antwort bekommst du einen Punkt.

☺ 12–9 Punkte	😐 8–6 Punkte	☹ 5–0 Punkte
Gut gemacht!	Gar nicht schlecht, aber lies dir die Merkkästen auf den Seiten 58–60 noch einmal genau durch.	Arbeite die Seiten 58–60 noch einmal genau durch.

Rechtschreibung

Was kannst du schon?

1 **Sprich die Wörter in Silben. Markiere die Silben durch Silbenbögen und trage einen Strich an den Silbengrenzen ein. (8 Punkte)**

Re|gen|ton|ne   Vogelnest   Laubhaufen   Bienenstock   Hundehütte

2 **Mit welchem Buchstaben enden die Nomen? Verlängere die Nomen, indem du sie in den Plural setzt. Ergänze dann auch den fehlenden Buchstaben im Singular. (10 Punkte)**

Bank *(g/k?)* Bänke   Kal___ *(b/p?)* ______

Bro___ *(d/t?)* ______   Mon___ *(d/t?)* ______

Sie___ *(b/p?)* ______   Hu___ *(d/t?)* ______

3 **Verbinde die Wörter in der unteren Reihe mit einem verwandten Wort in der oberen Reihe. Achtung: Ein Wort oben bleibt übrig. Ergänze dann in der oberen Reihe bei allen Wörtern die fehlenden Laute: *ä, äu* oder *eu*. (8 Punkte)**

träumen ___rmel F___er n___hen w___hlen F___hre W___sche sch___dlich Geb___de

waschen Arm Traum fahren Naht bauen Wahl schaden

4 **Ordne die Namen nach dem Alphabet. Nummeriere sie in der richtigen Reihenfolge. (10 Punkte)**

☐ Narek ☐ Clara ☐ Özge ☐ Carsten ☐ Uwe ☐ Johannes

☐ Lena 1 Ahmed ☐ Jochen ☐ Karine ☐ Lea

5 **Muss der Konsonant verdoppelt werden? Trage die Wörter richtig in die Tabelle ein. (10 Punkte)**

Don ? er • Gewit ? er • Neb ? el • Reg ? en • trom ? eln • son ? ig • Wag ? en • Som ? er • einf ? ach • Wel ? e • fal ? en

Wörter mit Doppelkonsonanten	Wörter mit einfachem Konsonanten
Donner,	

6 **Ergänze den richtigen *s*-Laut: *s, ss* oder *ß*. (8 Punkte)**

Der Verkäufer nahm Ma___ mit einem Me___gerät. Jetzt wei___ ich: Meine Fü___e sind so viel grö___er geworden, dass e___ kein Wunder i___t, dass meine Schuhe nicht mehr pa___en.

7 **Ergänze *i, ie* oder *ih*. (11 Punkte)**

Ob___gel oder F___sch, Z___ge oder T___ger, Sch___mpanse oder G___raffe: V___le Menschen l___ben T___re und wünschen s___ch, dass es ___nen gut geht.

8 **Trenne die Wörter durch einen Strich voneinander ab. Ergänze ein *h*, wo es notwendig ist. (10 Punkte)**

Kü___emu___enScha___feblö___kenHä___nekrä___enPfe___rdewie___ernE___selschrei___en

9 **In diesem Text müssen 14 Wörter großgeschrieben werden. Unterstreiche sie. (14 Punkte)**

Der herbst ist im anmarsch. Die blätter an den bäumen werden gelb. Ein kleiner igel rollt sich im garten ein. Die leute machen die heizung an und durch manche fenster sieht man feuer in einem kaminofen flackern. Trotz dunkelheit und kälte kann es in dieser jahreszeit sehr gemütlich sein.

10 **Setze die fehlenden Kommas. (2 Punkte)**

Viele Kinder mögen den Winter und den Schnee. Sie können dann endlich Schneemänner und Iglus bauen Schneeballschlachten machen Schlitten fahren oder sogar auf ihren Skiern die Berge heruntersausen.

11 **Setze die fehlenden Anführungszeichen bei der wörtlichen Rede ein. (10 Punkte)**

Traust du dich, mit der Achterbahn zu fahren?, fragt Jan auf dem Rummelplatz. Klar, sagt Max, wieso denn nicht? Dann komm, ruft Jan laut, wir nehmen die große Achterbahn mit den drei Loopings.

12 **a** **Überprüfe deine Lösungen mit Hilfe des Lösungsheftes.**
b **Trage ein, wie du die Aufgaben bewältigt hast:**
✓ = das meiste richtig; ? = noch etwas unsicher.

Aufgabe	**1** ☐	**2** ☐	**3** ☐	**4** ☐	**5** ☐	**6** ☐
Weitere Übungen	Seite 64	Seite 65–66	Seite 67	Seite 68	Seite 71–72	Seite 73–75
Aufgabe	**7** ☐	**8** ☐	**9** ☐	**10** ☐	**11** ☐	
Weitere Übungen	Seite 76–77	Seite 78–79	Seite 84–86	Seite 87	Seite 88	

Strategien zum Rechtschreiben

Schwingen – Wörter in Silben sprechen

Methode Wörter schwingen

Schwingen bedeutet, die Wörter deutlich **in Silben zu sprechen.** Das hilft dir dabei, die Wörter richtig zu schreiben.
Vor dem Schreiben sprichst du die Wörter deutlich in Silben. Zeichne dabei Silbenbögen in die Luft.
Beim Schreiben sprichst du die Silben leise mit. Sprich nicht schneller, als du schreibst.
Nach dem Schreiben prüfst du, ob du richtig geschrieben hast. Zeichne dazu Silbenbögen unter jede Silbe und sprich dabei leise mit, z. B.: *Me lo nen eis.*

1 Schreibe die langen Wörter ab. Nutze dabei die Methode „Wörter schwingen".
a Sprich die Wörter deutlich in Silben. Ziehe dabei mit deiner Schreibhand einen Bogen durch die Luft.
b Schreibe die Wörter auf und sprich die Silben dabei leise mit.
c Prüfe, ob du die Wörter richtig geschrieben hast. Zeichne dazu die Silbenbögen unter jede Silbe und sprich noch einmal leise mit. Korrigiere deine Fehler. Hake den Smiley ab, wenn alles richtig ist.

Müslischälchen ______________________ ☺

Buchenholz ______________________ ☺

Lieblingsbecher ______________________ ☺

Schokoladennikolaus ______________________ ☺

2 In dem Wortgitter verstecken sich zehn weitere Wörter, die du schwingen kannst. Sprich sie in Silben und male, wie im Beispiel, jede Silbe in einer anderen Farbe aus.

S	U	P	E	R	M	A	R	K	T	U	M	P	F	E	L	S	P	F	T
B	R	Ö	T	C	H	E	N	U	R	G	M	E	T	Z	G	E	R	E	I
W	F	I	S	C	H	G	E	S	C	H	Ä	F	T	K	J	N	C	E	D
N	A	S	C	H	W	A	R	E	N	A	B	T	E	I	L	U	N	G	L
Z	T	R	E	U	G	H	W	Ü	R	S	T	C	H	E	N	B	U	D	E
C	V	G	E	M	Ü	S	E	L	A	D	E	N	J	K	I	O	S	K	Q
B	R	E	Z	E	L	V	E	R	K	Ä	U	F	E	R	R	T	Z	P	B
U	E	I	S	S	A	L	O	N	D	K	O	N	D	I	T	O	R	E	I

⊕ **3** a Überprüfe, ob die folgenden Wörter richtig in Silben gegliedert sind. Sprich die Wörter dazu deutlich in Silben und vergleiche deine Gliederung mit dem geschriebenen Wort. Umkreise Fehlerstellen.
b Schreibe die Wörter mit der richtigen Silbengliederung auf und zeichne die Silbenbögen.

Streus el kuch en ______________________

Ban an en mi lch ______________________

Marg ar i ne ______________________

Verlängern am Wortende

Methode **Wörter verlängern**

Am **Wortende** kann man die Buchstaben *b/p, d/t* oder *g/k* leicht verwechseln. Wenn du die Wörter **verlängerst,** kannst du aber beim Schwingen hören, wie sie geschrieben werden. Du kannst die Wörter zum Beispiel verlängern, indem du
Nomen in den Plural setzt, z. B.: *das Kalb → die Käl ber,*
Adjektive steigerst, z. B.: *wild → wil der,*
zu Verben den Infinitiv bildest, z. B.: *sie singt → sin gen.*

1 **Nutze die geeignete „Verlängerungsmaschine", um festzustellen, wie die Wörter auf der linken Seite richtig geschrieben werden. Notiere zuerst das verlängerte Wort in der rechten Spalte. Ergänze dann links den fehlenden Buchstaben: *b* oder *p*, *d* oder *t*, *g* oder *k*.**

das Hem d	die Hem-den
klu___	
das Gel___	
bun___	
das Ban___	
windi___	
frem___	
der Flu___	

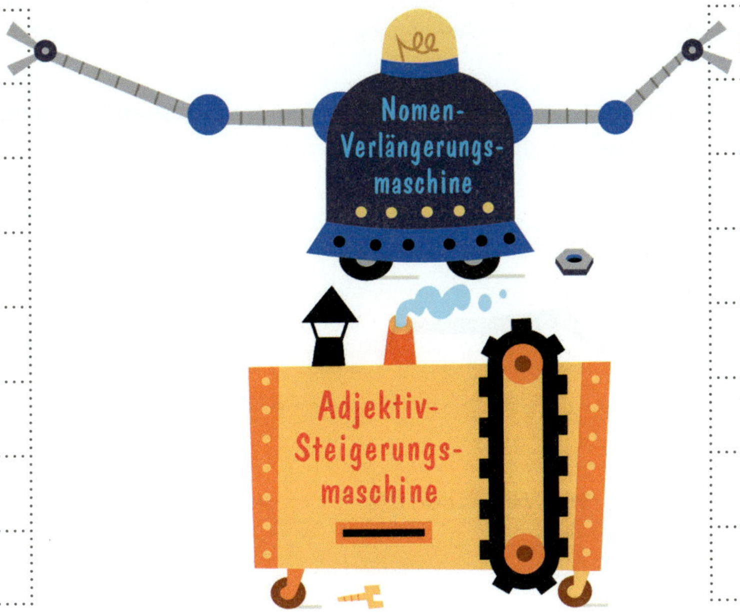

2 **a** **Ergänze die fehlenden Verbformen. Gehe so vor wie im Beispiel.**
b **Markiere Stellen, an denen man leicht Fehler machen kann. Setze ein Ausrufezeichen über die Wörter, bei denen man die richtige Schreibung erkennen kann.**

fliegen	sie fliegt	er flog	wir flogen
tragen	___	___	___
___	___	er hob	___
___	___	___	wir hielten

⊕ **3** **Führe bei den Lückenwörtern eine geeignete Verlängerungsprobe durch und ergänze *b/d/g* oder *p/t/k*.**

Gestern war der Mon___ noch run___ und schien kräfti___. Heute Aben___ haben sich Nebel über ihn gele___t.

Zerlegen und verlängern

Methode Wörter zerlegen und verlängern

In **zusammengesetzten Wörtern** können sich **Verlängerungsstellen** verstecken. Du kannst schwierige Stellen klären, indem du die Wörter zuerst zerlegst und dann verlängerst, z. B.: *Hand/buch → die Hän de.*
Auch wenn du **Wortbausteine abtrennst,** findest du Verlängerungsstellen, z. B.: *freund/lich → die Freun de.*

1 **Zerlege und verlängere die folgenden Wörter. Notiere deinen Lösungsweg wie im Beispiel.**

Wel(d/t)kugel: Wel?/kugel → Wel ten → Weltkugel

en(d/t)los: ______

Erle(b/p)nis: ______

2 **Folge Leonie und Jan durch das Labyrinth bis zu ihrem Lieblingstier. Entscheide jeweils, welchen Buchstaben du einsetzen musst. Markiere den richtigen Buchstaben und gehe dann ein Feld in Pfeilrichtung weiter.**

Trin ? flasche g/k	Win ? böe d/t	Lie ? ling b/p	Rekor ? versuch d/t
Mon ? kalender d/t	Hal ? zeit b/p	Lan ? karte d/t	Win ? hund d/t
Gesun ? heit d/t	Hu ? konzert b/p	San ? kasten d/t	vorsor ? lich g/k
Spu ? schloss g/k	Den ? zettel g/k	hal ? los d/t	Zel ? lager d/t

⊕ **3** **In dem folgenden Wort gibt es zwei Verlängerungsstellen. Schreibe das Wort richtig auf.**

Ber(g/k)wan(d/t): ______

Ableiten – Wörter mit *ä* und *äu*

Methode **Ableiten – Wörter mit *e* oder *ä*, *eu* oder *äu***

Wenn du unsicher bist, ob du ein Wort mit *e* oder *ä*, *eu* oder *äu* schreiben musst, hilft dir die **Ableitungsprobe.**

- **Normalerweise** schreibst du **e** oder **eu,** z. B.: *die Ente, heute.*
- Gibt es aber einen **Wortverwandten** mit ***a*** oder ***au***, dann musst du ***ä*** oder ***äu*** schreiben, z. B.: *die Kälte – kalt, schäumen – Schaum.*
- **Einige Wörter** musst du dir auch **merken.** Sie werden ***ä*** oder ***äu*** geschrieben, obwohl sich kein Wortverwandter mit *a* oder *äu* finden lässt, z. B.: *der Käfig, das Mädchen.*

1 **Schreibe die Wörter richtig auf. Musst du *e* oder *ä*, *eu* oder *äu* einsetzen? Notiere hinter den Wörtern mit *ä* oder *äu* das verwandte Wort.**

k ? mpfen • das G ? schenk • tr ? men • die Kr ? fte • j ? hrlich • l ? nken • die Bl ? tter • die Fr ? de • der H ? ndler • das F ? er • w ? hlen • die G ? nse

kämpfen (Kampf), ______________________________

____

____

____

2 **Fülle die Lücken im Text. Entscheide, ob du *e* oder *ä*, *eu* oder *äu* einsetzen musst.**

Glühwürmchen – Käfer, die nicht glühen

In warmen Sommern____chten kann man in W____ldern und G____rten unz____hlige Glühwürmchen beobachten, die l____chtend durch die Luft fliegen. Der Name ist allerdings irreführend. Glühwürmchen sind nämlich gar keine Würmer, sondern Käfer. Sie glühen auch nicht, denn sie w____rden nicht heiß, sondern l____chten nur. Dafür besitzen sie ein eigenes Organ, dass dieses Licht erz____gt. H____fig l____chten nur die Weibchen. Sie möchten damit während der Ab____ndstunden die M____nnchen auf sich aufm____rksam machen.

⊕ **3** **In dem gesamten Glühwürmchen-Text verstecken sich drei Merkwörter. Sie werden mit *ä* geschrieben, obwohl es kein verwandtes Wort mit *a* gibt. Schreibe sie heraus.**

____

Im Wörterbuch nachschlagen

Methode **Im Wörterbuch nachschlagen**

- Im **Wörterbuch** sind die Wörter **nach dem Alphabet** sortiert. Wörter mit demselben Anfangsbuchstaben werden nach dem zweiten Buchstaben geordnet. Sind die ersten beiden Buchstaben gleich, wird nach dem dritten geordnet usw., z. B.: *das Blatt, die Blume, die Blüte.*
  Die Buchstaben ***ä, ö, ü*** und ***äu*** sind so sortiert, als hätten sie keine Umlaut-Pünktchen.
- Im Wörterbuch sind die Wörter in ihrer **Grundform** verzeichnet:
  – **Verbformen** findest du im **Infinitiv,** z. B.: *sehen* statt *sieht,*
  – **Nomen** findest du im **Nominativ Singular,** z. B.: *Hand* statt *Hände,*
  – **zusammengesetzte Wörter** musst du zerlegen und getrennt nachschlagen, z. B.: *Kaugummipapier* → *Kaugummi* und *Papier.*

1 **a Wie heißt der nächste Buchstabe im Alphabet? Ergänze ihn.**

C ____ X ____ F ____ T ____ U ____ Q ____ J ____

b Wie heißt der vorausgehende Buchstabe im Alphabet? Ergänze ihn.

____ V ____ H ____ B ____ X ____ L ____ P ____ F

2 **Bringe die folgenden Leckereien in die richtige alphabetische Reihenfolge.**

Erdbeereis • Erdbeere • Erdbeerkuchen • Erdbeertorte • Erdbeerjoghurt • Erdbeerquark

____

____

3 **a Markiere in dem Auszug aus dem Wörterbuch den Artikel und die Pluralformen von „Pizza".**
b Schreibe alle drei möglichen Pluralformen von Pizza auf.

____

____

Piz|za, die: -, Plur. -s, auch Pizzen oder Pizze <ital.> (mit Tomaten, Käse u. a. belegtes Hefegebäck)

⊕ **4** **Beantworte mit Hilfe des Wörterbuchs die folgenden Fragen:**
a Welche Artikel hat Joghurt?

____

b Welche Pluralformen hat Zwieback?

____

Strategien zum Rechtschreiben

1 **Kreuze an: Welche Strategie hilft dir dabei, an den markierten Stellen die richtige Schreibung herauszufinden? (6 Punkte)** ☐

	Flughunde	klebt	Silbensalat	Fremdwort	Mäuse	kalt
Schwingen	☐	☐	☐	☐	☐	☐
Verlängern	☐	☐	☐	☐	☐	☐
Zerlegen + Verlängern	☐	☐	☐	☐	☐	☐
Ableiten	☐	☐	☐	☐	☐	☐

2 **Notiere die folgenden Wörter richtig in Silben. Zeichne die Silbenbögen ein. (4 Punkte)** ☐

Personenzugabteil ____________________

Fertigbausätze ____________________

Planetenumlaufbahn ____________________

Grünpflanzenkübel ____________________

3 **a Fülle bei den folgenden Wörtern die Lücken richtig aus. (5 Punkte)** ☐
b Kreuze an, welche Probe dir dabei geholfen hat. (5 Punkte) ☐

	Zerlegen + Verlängern	Ableiten
Lie___(d/t)text	☐	☐
Ra___(d/t)haus	☐	☐
N___(eu/äu)igkeit	☐	☐
Flu___(g/k)zeug	☐	☐
aufr___(eu/äu)men	☐	☐

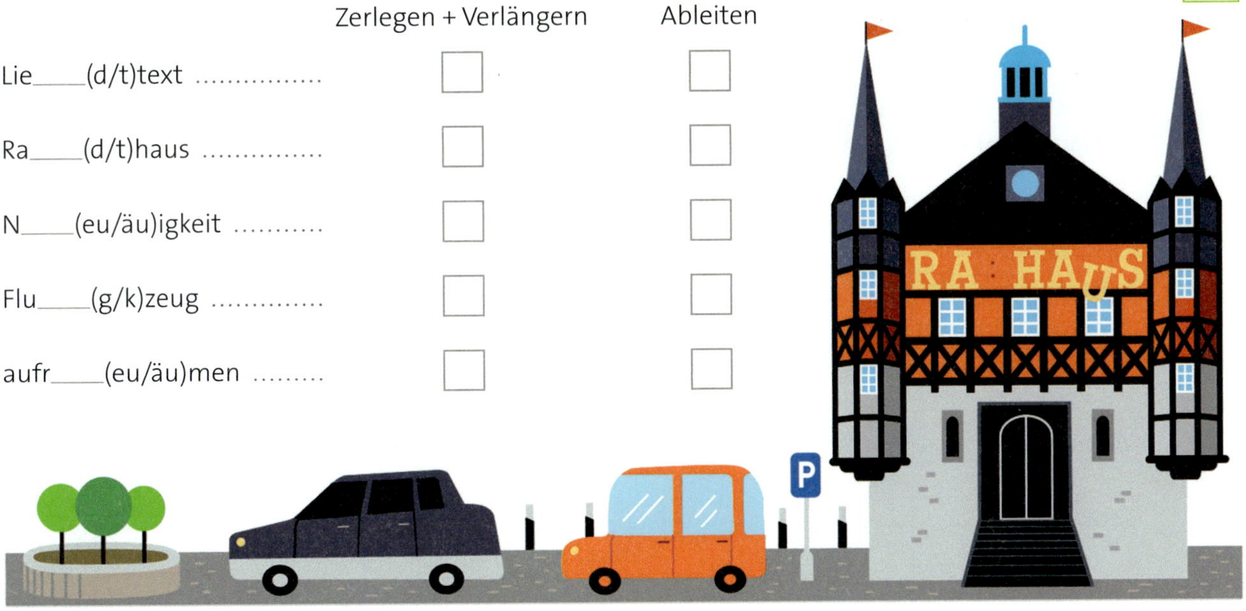

Vergleiche deine Ergebnisse mit dem Lösungsheft. Für jede richtige Antwort bekommst du einen Punkt.

☺ 20–16 Punkte	😐 15–12 Punkte	☹ 11–0 Punkte
Gut gemacht!	Gar nicht schlecht, aber lies dir die Merkkästen auf den Seiten 64–68 noch einmal genau durch.	Arbeite die Seiten 64–68 noch einmal genau durch.

Regeln zum Rechtschreiben

Offene und geschlossene Silben

Information **Offene und geschlossene Silben**

- Endet die erste Silbe eines zwei- oder mehrsilbigen Wortes mit einem **Vokal** *(a, e, i, o, u)*, einem **Umlaut** *(ä, ö, ü)* oder einem **Doppellaut** *(au, äu, ei, eu)*, nennt man sie **offen,** z. B.: *ha ben, Hei zung, Do se, Hö he.* Der Vokal wird dann meist **lang** gesprochen.
- Endet die erste Silbe mit einem **Konsonanten,** nennt man sie **geschlossen,** z. B.: *war ten, han deln, Hil fe, Klas se.* Der Vokal wird dann meist **kurz** gesprochen.

1 **Schreibe die Wörter mit offener erster Silbe auf die richtigen Zeilen und ziehe Silbenbögen.**

Vögel • Taube • rufen • Meise • Papagei • Rabe • Pelikan • Kranich • pfeifen • schreien • Eule • flöten • Habicht • Fasan • Möwe • kreischen

Die erste Silbe des Wortes endet mit einem Vokal:

____

Die erste Silbe des Wortes endet mit einem Umlaut:

____

Die erste Silbe des Wortes endet mit einem Doppellaut:

____

2 **a Untersuche die erste Silbe der Wörter. Kreuze an, wie die Silbe endet.**
b Notiere in der letzten Spalte, ob es sich um eine offene oder um eine geschlossene erste Silbe handelt.

	Die erste Silbe endet mit einem ...				Die erste Silbe ist ...
	Vokal	Umlaut	Doppellaut	Konsonanten	
Som mer	☐	☐	☐	☒	geschlossen
herr lich	☐	☐	☐	☐	________
Wei de	☐	☐	☐	☐	________
san dig	☐	☐	☐	☐	________
Fe ri en	☐	☐	☐	☐	________
mü de	☐	☐	☐	☐	________
Grä ser	☐	☐	☐	☐	________

Doppelkonsonanten

Information **Schreibung mit Doppelkonsonanten**

Doppelkonsonanten schreibst du **nur, wenn die erste Silbe geschlossen** ist, z. B.: *Mut ter, Wel le.*
- Stehen an der **Silbengrenze zwei verschiedene Konsonanten, verdoppelst** du **nicht,** z. B.: *Kar te.*
- Hörst du bei geschlossener Silbe nur einen Konsonanten, wird dieser doppelt geschrieben, z. B.: *ren nen, der Him mel.*

Um diese Regeln anzuwenden, musst du **Einsilber verlängern,** z. B.: *Heft → Hef te, Tipp → tip pen.*
Beachte: Statt ***kk*** schreibt man ***ck,*** statt ***zz*** schreibt man ***tz,*** z. B.: *Müc ke, Fet zen.*

1 **Bilde aus den geschlossenen ersten Silben und einer passenden Endung Wörter mit Doppelkonsonanten. Schreibe die Wörter in Silben in die passende Spalte der Tabelle. Ergänze bei Nomen den Artikel.**

Bril- • Zel- • Kan- • klet- • sum- • Kam- • Ril- • schwim- • Num- • Ton- • Som- • schmet- • Wan- • im- • Son- • ram- • schnat- • rat- • kom- • Bul-

-ne • -mer • -tern • -le • -men

-ne	-mer	-tern	-le	-men
die Kan ne		klet tern		

2 **Entscheide, ob du einen einfachen Konsonanten oder einen Doppelkonsonanten einsetzen musst. Prüfe dafür, ob die erste Silbe der Lückenwörter offen oder geschlossen ist.**
TIPP: Verlängere Einsilber.

Gerne würde ich einmal bis zu den Knien durch Wa____e wa____en. (t oder tt?)

Der Ra____e fliegt, die Kra____e läuft. (b oder bb?)

Der Wa____ kann den Ba____ in die Luft schleudern. (l oder ll?)

3 In der Wörterschlange verstecken sich zehn Wörter. Trenne sie durch einen Strich voneinander ab. Markiere die Wörter mit zwei verschiedenen Konsonanten an der Silbengrenze grün, Wörter mit Doppelkonsonanten an der Silbengrenze blau.

MANTELOFFENWOLLEBIBBERNHÄNDEINNENSCHNALLEGÜRTELSCHULTERAFFE

4 **a** Gesucht sind hier Wörter, die mit *tz* geschrieben werden. Trage sie in die Kästchen ein.
TIPP: Den Buchstaben *ü* schreibe *ue*.

- nicht sauber
- etwas verwenden
- verraten, wer es gewesen ist
- kaputtgehen (Luftballon)
- Wasserlache auf der Straße
- Eile, Stress

b Schreibe das Lösungswort aus den grünen Kästchen ab: ______________________________

5 **a** Löse das Rätsel. Trage Wörter mit *ck* in die Kästchen ein.

- männliche Ziege
- hinterer Teil des Halses
- viele Blätter zum Schreiben
- nicht dünn
- Turngerät
- sich beklagen

b Schreibe das Lösungswort aus den blauen Kästchen ab: ______________________________

⊕ **6** Zerlege die zusammengesetzten Wörter mit Trennstrichen. Verlängere sie und schreibe sie richtig auf.

	verlängern:	richtig schreiben:
Dü ? /bre ? /bohrer (n/nn, t/tt)	dü? → dünner,	
Ma ? wer ? sta ? (l/ll, k/ck, t/tt)		

s-Laute

Information **Wörter mit *s*-Laut**

Das folgende Schaubild zeigt dir, wann du ***s***, wann ***ß*** und wann ***ss*** schreiben musst.

erste Silbe

offen → **summendes *s*** – schreibe ***s***, z. B.: *rei sen, Mu sik*

offen → **zischendes *s*** – schreibe ***ß***, z. B.: *Grü ße, gie ßen*

geschlossen → schreibe ***ss***, z. B.: *es sen, Ris se*

Um diese Regeln für den s-Laut anzuwenden, musst du **Einsilber verlängern.**

1 a Sprich die Wörter in Silben. Achte dabei darauf, wie du den *s*-Laut am Anfang der zweiten Silbe sprichst: summend wie eine Biene (z. B. wie in *Do-se*) oder zischend wie eine Schlange (z. B. wie in *Grü-ße*).

Preise • Straße • blasen • Füße • eisig • heißen • Kreise • draußen • Größe • außerdem • lesen • sausen

b Schreibe die Wörter mit summendem *s* in den Bienenkorb und die Wörter mit zischendem *s* in den Schlangenkorb. Ziehe die Silbenbögen.

2 a Lies die Wörter deutlich in Silben.

fleißig • küssen • Reise • Schlösser • dreißig • wissen • rosig • Süßes • Gase • Masse • Flöße • gruseln • pressen • Wiese

b Ordne die Wörter zu. Schreibe sie in die richtigen Felder und markiere jeweils den *s*-Laut.

erste Silbe

offen → summendes *s*

offen → zischendes *s*

geschlossen

3 **a** **Beweise die richtige Schreibweise, indem du die Einsilber links verlängerst.**
b **Ergänze den richtigen *s*-Laut dann auch in den zusammengesetzten Wörtern rechts.**

das Gras: die Gräser ______ gra____grün; der Gra____hüpfer

die Maus: ______ mau____grau; der Mau____klick

der Fels: ______ der Fel____brocken; die Fel____spalte

er bläst: ______ das Bla____orchester; das Bla____rohr

vereist: ______ ei____glatt; die Ei____diele

er liest: ______ die Le____art; die Le____barkeit

4 **Entscheide, ob in den folgenden Wörtern *ß* oder *s* stehen muss.**
Schreibe dafür Verlängerungswörter auf und prüfe, ob der *s*-Laut summend oder zischend gesprochen wird.

das Floß	die Flöße	schneewei____	______
sie spei____t	______	der Auswei____	______
der Fu____	______	das Gla____	______
er ra____t	______	der Gru____	______
sie schie____t	______	er dö____t	______
der Fel____	______	der Grei____	______
er bei____t	______	sie genie____t	______

5 **a** **Unterstreiche im Text alle Wörter mit *s* am Wortende, die sich nicht verlängern lassen.**

Als ich morgens aus dem Haus gehen wollte, regnete es, als wolle es niemals mehr aufhören. Es blieb mir nichts anderes übrig, als zu warten, bis es etwas besser geworden war. Als ich abends wieder zurückkam, war aber bereits alles wieder trocken. Anderntags konnte ich ohne Schirm unterwegs sein.

Merkwörter mit *s* am Wortende
Für einige Wörter mit einfachem *s* am Wortende gibt es keine Verlängerungsmöglichkeit. Es sind also Merkwörter, z. B.:
als, aus, bis, es, etwas, niemals, alles, anders, morgens.

b **Notiere das einzige Wort aus dem Text, das auf *s* endet und verlängert werden kann, in deinem Heft. Beweise die Schreibweise mit *s*, indem du den Plural bildest.**

⊕ **6** **a** **Schreibe in deinem Heft einen kurzen Text, in dem du möglichst viele Merkwörter mit *s* verwendest.**
b **Unterstreiche in deinem Text alle weiteren Wörter mit einem *s*-Laut und prüfe mit Hilfe des Merkkastens auf Seite 73, ob du sie richtig geschrieben hast.**

Information **Wechsel des *s*-Lauts**

Innerhalb einer **Wortfamilie** und bei den verschiedenen **Formen eines Verbs** kann die Schreibweise des ***s*-Lauts sich ändern.** Achte darauf, ob die erste Silbe offen oder geschlossen ist, z. B.: *gießen* (= offen) – *ich goss* (= geschlossen); *sie verlassen* (= geschlossen) – *sie verließen* (= offen). Einsilbige Wörter musst du dafür verlängern.

1 **a** **Verbinde die Nomen aus der linken Spalte mit den passenden Verben aus der rechten Spalte.**
b **Ergänze jeweils den richtigen *s*-Laut. Achte darauf, ob die Silben offen oder geschlossen sind.**
TIPP: Einsilbige Wörter musst du verlängern.

der Regengu___	rei___en
der Hundebi___	flie___en
das Ma___band	schlie___en
der Ri___ im Kleid	me___en
der Flu___	bei___en
der Genu___	gie___en
der Ladenschlu___	genie___en

2 **a** **Ergänze in den Sätzen die fehlenden *s*-Laute.**
b **Trage in das Kästchen jeweils den zutreffenden Buchstaben ein:**
A = **Aus einer geschlossenen Silbe wird eine offene Silbe.**
B = **Aus einer offenen Silbe wird eine geschlossene Silbe.**

Wir verga___en, aufzuschreiben, was wir nicht verge___en wollten. A oder B? ☐

Wenn das Wasser hinuntergeflo___en ist, flie___t es nicht mehr hinauf. A oder B? ☐

⊕ **3** **Schreibe mit Hilfe der Infinitive selbst drei Sätze wie in Aufgabe 2.**

messen • lassen • sprießen

____

____

____

____

____

i oder *ie*?

Information **Wörter mit *i* oder *ie***

Wenn die **erste Silbe geschlossen** ist, schreibst du **immer *i*,** z. B.: *Him mel.*
Du schreibst **nur dann *ie*,** wenn die **erste Silbe offen** ist (lang gesprochen), z. B.: *frie ren.*
Achtung: Diese Regel gilt nur für zweisilbige Wörter. Um diese Regel zu bestätigen, musst du Einsilber zuerst verlängern, z. B.: *Tier – Tie re.*
Besonders wichtige **Merkwörter** sind: *mir, dir, wir, ihr, ihnen, ihm, ihr, ihre.*

1 **a** Im Wortgitter verstecken sich sechs Wörter mit *ie* und sechs Wörter mit *i* in der ersten Silbe. Markiere die Wörter mit zwei verschiedenen Farben. TIPP: Alle Wörter haben zwei Silben.

G	I	T	T	E	R	Q	W	D	O	U	L	X	J	B	A	B	I	R	T
C	V	B	Y	T	R	E	G	I	E	R	I	G	R	I	P	R	F	I	G
G	R	I	F	F	E	C	V	B	Z	T	E	R	E	T	W	I	Q	E	A
L	I	M	N	C	M	I	L	C	H	I	G	X	R	T	N	E	M	C	G
W	E	Z	Z	T	R	E	J	B	N	U	E	O	A	E	V	F	V	H	A
P	S	O	K	I	N	D	E	R	R	O	N	P	Z	L	I	E	D	E	R
R	E	Z	O	L	B	V	T	R	E	P	X	M	I	N	Z	E	Q	N	O

b Übertrage die Wörter aus dem Wortgitter in die richtige Spalte der Tabelle und zeichne Silbenbögen.

Wörter mit *i* (geschlossene Silbe)	Wörter mit *ie* (offene Silbe)
Git ter,	gie rig,

2 Einige Verben werden in der Zeitform Präteritum mit *ie* geschrieben. Wenn du zuerst eine zweisilbige Form im Präteritum bildest, kannst du die Regel im Merkkasten oben anwenden. Fülle die Tabelle aus.

Infinitiv	3. Person Plural Präteritum	3. Person Singular Präteritum
schlafen	sie schliefen	er schl f
raten	sie r	sie
laufen		er
bleiben		sie

3 **Untersuche die Wörter mit *i* und *ie* in dem Gedicht.**

a Schreibe zwei mehrsilbige Wörter mit *ie* heraus. Zeichne die Silbenbögen.

b Suche zwei einsilbige Wörter mit *ie*. Verlängere die beiden Wörter, um die Schreibung mit *ie* zu beweisen.

c Suche zwei verwandte Wörter zu „Willst" (▶ Vers 6), um die Schreibung mit *i* zu beweisen.

d Schreibe zwei Merkwörter mit *i* auf, die zweimal im Gedicht vorkommen.

Christine Nöstlinger:
Rechenaufgabe unter Tränen

3 + 4 = 7
Du hast mir einen Brief geschrieben.
7 + 1 = 8
Der hat mich traurig gemacht.
8 + 2 = 10
Willst mich nicht wiedersehn.
10 – 6 = 4
Es liegt dir nichts an mir.
4 – 1 = 3
O. k., ich gebe dich frei!
3 – 2 = 1
Aber Glück wünsch ich dir keins!

4 **Welche Tiere sind hier gesucht? Löse das Rätsel.**
Achtung: Obwohl der *i*-Laut lang gesprochen wird, wird nur *i* geschrieben. Es handelt sich um Merkwörter!

große, gestreifte Raubkatze

Tier mit sehr langem Hals

dünnes Insekt mit vier langen Flügeln

Nagetier, das Dämme baut

stacheliges Tier

Verwandter des Hasen

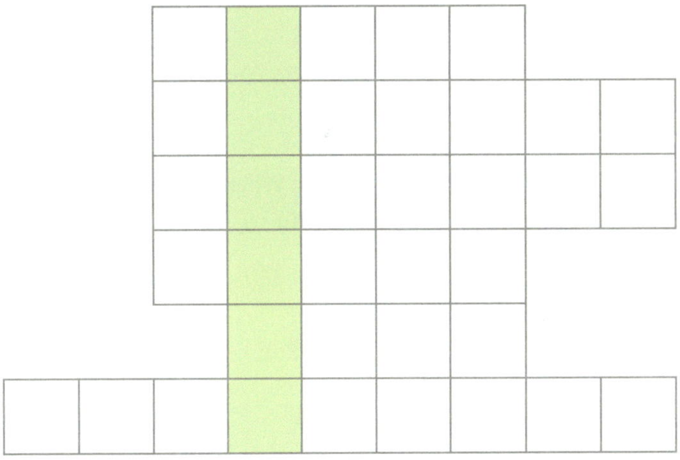

⊕ **5** **Welchen Sonderfall der *i*-Schreibung kannst du in folgendem Satz erkennen? Markiere die Stellen und notiere drei weitere Wörter mit demselbem Sonderfall.**

In der Kantine gibt es heute Margarinebrote und Apfelsinen in Gelatine – brrr!

Wörter mit *h*

Information **Wörter mit *h***

Bei einsilbigen Wörtern kannst du das *h* nicht hören. Verlängerst du sie, steht das **silbenöffnende *h*** am **Anfang der zweiten Silbe** und ist **beim deutlichen Sprechen hörbar,** z. B.: *der Zeh – die Ze hen.* Das ***h*** am **Ende der ersten Silbe** ist **nicht hörbar** und steht häufig **vor *l, m, n*** und ***r,*** z. B.: *die Keh le.* Diese Wörter sind **Merkwörter.**

1 **Verlängere die einsilbigen Wörter und trage sie in die richtige Tabellenspalte ein.**

er bohrt • er mäht • sie dreht • er näht • die Sahne • zahm • er droht • der Stuhl • der Floh • sie geht • die Zahl

Im zweisilbigen Wort steht das *h* in der zweiten Silbe und ist hörbar → **silbenöffnendes *h*.**	Im zweisilbigen Wort steht das *h* in der ersten Silbe und ist nicht hörbar → **Merkwörter mit *h*.**
mä hen,	boh ren,

2 **Prüfe, ob die markierten Wörter ein silbenöffnendes *h* enthalten. Verändere die Sätze dafür so, dass du die Wörter verlängern kannst.**

Beispiel: Eine Kuh macht Muh. – Viele Kü he mu hen.

Am Waldrand steht ein Reh. ______________________.

Im Schuh drückt der Zeh. ______________________.

3 **Ergänze die Tabelle mit den passenden Verbformen.**
TIPP: Das *h* bleibt immer erhalten.

Infinitiv	1. Person Singular Präsens	3. Person Plural Präsens	3. Person Singular Präteritum
glühen			
	ich ruhe		
			er/sie mähte
		sie sehen	

4 **Das *h* bleibt in verwandten Wörtern erhalten.**

a **Schreibe unter die Wortstämme *zahn, steh* und *uhr,* ob es sich um ein Merkwort mit *h* oder um ein silbenöffnendes *h* handelt.**

b **Liste verwandte Wörter auf.**

zahn	steh	uhr
→ Merkwort mit h	→	→
zah nen		Uh ren
	Stehcafé	

5 **Bilde Wörter mit *h* vor *l, m, n* und *r.* Nutze die Wortanfänge (z. B.: *Za-, befe-*) und – falls nötig – die jeweils angegebenen Wortendungen (z. B.: *-en, -e*). Schreibe auf die Zeilen.**

Za- • befe- • Ke- • Stu- • Sta- • stra-
-hl
-en • -e

zä- • ne- • Ra- • Le- • la-
-hm
-en

Zahl, befehlen,

ä- • Mä- • gä- • Ka- • anba- • Hu- • Ha-
-hn
-e • -en • -lich

O- • verwa- • e- • bo- • gefä-
-hr
-en • -lich

Wörter mit Doppelvokal

Information **Wörter mit Doppelvokal: *aa, ee, oo***

Es gibt nur **wenige Wörter,** in denen der lang gesprochene **Vokal verdoppelt** wird. Diese Wörter musst du dir merken.
aa: *der Aal, das Aas, das Haar, paar, das Paar, der Saal, die Saat, der Staat, die Waage,*
ee: *die Allee, die Beere, das Beet, die Fee, das Heer, die Idee, der Kaffee, der Klee, leer, das Meer, das Püree, der Schnee, der See, die Seele, der Tee, der Teer, die Tournee.*
oo: *das Boot, doof, das Moor, das Moos, der Zoo.*

1 Finde zu jedem Bild das passende Wort mit Doppelvokal und schreibe es auf.
In dem farbig unterlegten Feld ergibt sich von oben nach unten gelesen ein Lösungswort mit Doppelvokal.

2 Setze die Wörter so zusammen, dass sinnvolle Nomen entstehen. Schreibe die Wörter auf.

See • beere • ~~Haar~~ • blatt • geier • Zoo • Blau • räuber • ~~bürste~~ • tiere • Klee • Aas

Haarbürste, ______________________________

____

____

⊕ **3** Schreibe aus der Wörterschlange alle Wörter mit doppeltem Vokal heraus.
Achte dabei auf die richtige Groß- und Kleinschreibung. Arbeite in deinem Heft.

Schwierige Laute: *V/v*

Information *V/v*: **Ein Buchstabe – zwei Laute**

Wörter mit *V/v* sind Merkwörter. Man spricht sie manchmal mit *f* und manchmal mit *w* aus.
Wörter mit den Vorsilben *ver-* und *vor-* schreibst du immer mit **v,** z. B.: *versuchen, vorschlagen.*

1 **a** Sprich die Wörter in den Wolken und an den Sonnenstrahlen leise aus.
Achte genau darauf, wie das *V/v* klingt.
b Trage die Wörter in die richtige Tabellenspalte ein. Achte dabei auf die richtige Groß- und Kleinschreibung.

V/v gesprochen wie *f*	*V/v* gesprochen wie *w*

2 Bilde möglichst viele Verben mit den Vorsilben *ver-* und *vor-*. Schreibe in dein Heft.

bieten • suchen • binden • fallen • laufen • geben • fahren • bringen • lassen • brauchen • schreiben

3 *V/v, F/f* oder *W/w?* Fülle die Lücken richtig aus.

der No___ember • der Ad___ent • tie___ • das Ge___itter • ___oll • die Pfei___e • ___aul •
die Kur___e • die ___illa • das Ge___ehr • schie___ • der Pullo___er • ___ertig

Schwierige Laute: *ks*

Information ***ks:* Ein Laut – fünf Schreibweisen *(ks, cks, gs, chs, x)***

Die Buchstabenfolgen ***ks, chs, gs, chs*** und der Buchstabe ***x*** werden alle wie ***ks*** **gesprochen.**
Wörter mit ***ks, cks*** und ***gs*** kannst du oft **verlängern,** z. B.: *unterwegs → die Wege.*
Wörter mit ***x*** und ***chs*** musst du dir **merken,** z. B.: *Nixe, Ochse.*

1 **Prüfe, ob die Wörter mit *ks, cks* oder *gs* geschrieben werden. Verlängere die Wörter dafür und sprich sie deutlich aus.**

du sa ? t: sagen → du sagst

du flie ? t: ______________________

du len ? t: ______________________

du we ? t mich: ______________________

nachmitta ? : ______________________

2 **Im Gitterrätsel sind senkrecht und waagerecht zehn Wörter mit *x* versteckt. Schreibe sie in der richtigen Groß- und Kleinschreibung auf.**

____

____

____

____

____

M	A	X	D	E	T	U	M	E	N	P	L	O
D	X	D	T	W	S	X	T	E	X	T	F	E
F	T	F	J	N	V	P	U	M	S	A	R	X
F	L	A	M	E	R	T	W	E	C	X	E	O
E	N	X	I	D	E	S	S	X	H	I	X	T
L	B	E	X	P	L	O	S	I	O	N	T	I
I	T	N	E	R	N	S	T	K	D	E	R	S
X	L	D	N	O	U	L	E	O	K	L	E	C
W	O	N	R	L	U	X	U	S	V	Ö	M	H

3 **Kennst du diese Tiere mit *chs?* Schreibe sie auf.**

der L ______________________

____

die E ______________________

der O ______________________

____

der L ______________________

4 ***x* oder *chs?* Ergänze die fehlenden Buchstaben.**

he____en, die Bü____e, der E____perte, die Sa____en, die Bo____, die Pra____is

Regeln zum Rechtschreiben

1 a Entscheide für jede Aussage, ob sie richtig oder falsch ist. Kreuze an. (5 Punkte) ☐

	richtig	falsch
A Endet die erste Silbe eines zweisilbigen Wortes mit einem Vokal, nennt man sie offen.	☐	☐
B Doppelkonsonanten schreibt man nur, wenn die erste Silbe offen ist.	☐	☐
C Folgt auf eine offene Silbe ein gesummtes *s*, schreibt man *ß*.	☐	☐
D Einsilbige gebeugte Verben kann man verlängern, indem man den Infinitiv bildet.	☐	☐
E Das Dehnungs-*h* steht am Ende der ersten Silbe und häufig vor *l, m, n* oder *r*.	☐	☐

b Verbessere die fehlerhaften Regeln aus Aufgabe 1a. Schreibe die Regeln richtig auf. (2 Punkte) ☐

____

____

____

2 a Trage das *i* in der richtigen Schreibweise (*i, ie* oder *ih*) ein. (6 Punkte) ☐
b Kreuze die passende Begründung dazu an. (6 Punkte) ☐

	schm___nken	___nen	Sp___gelei	Gl___tzer	schm___rig	w___r
Die erste Silbe ist geschlossen.	☐	☐	☐	☐	☐	☐
Die erste Silbe ist offen.	☐	☐	☐	☐	☐	☐
Es handelt sich um ein Merkwort.	☐	☐	☐	☐	☐	☐

3 *V/v, W/w* oder *F/f*? Setze die richtigen Buchstaben ein. (5 Punkte) ☐

die ___üste die ___eranda ___ertig ___erstehen das ___under

4 *x, chs, cks, ks* oder *gs*? Setze die richtigen Buchstaben ein. (5 Punkte) ☐

du den___t das Ta___i län___t das Wa___ du ba___t

Vergleiche deine Ergebnisse mit dem Lösungsheft. Für jede richtige Antwort bekommst du einen Punkt.

☺ 29–22 Punkte	😐 21–15 Punkte	☹ 14–0 Punkte
Gut gemacht!	Gar nicht schlecht, aber lies dir die Merkkästen auf den Seiten 70–82 noch einmal genau durch.	Arbeite die Seiten 70–82 noch einmal genau durch.

Groß- und Kleinschreibung

Nomen/Substantive erkennen

Methode **Nomen/Substantive erkennen I – Auf typische Nomenendungen achten**

Satzanfänge, Namen und **Nomen** werden **großgeschrieben.**
Nomen kannst du an ihren Begleitern (▶ S. 85) und an ihren Endungen erkennen.
Achte auf die Endungen *-heit, -keit, -ung, -nis, -schaft, -tum* und *-in*. Wörter mit diesen Endungen sind immer Nomen und werden großgeschrieben, z. B.:
Gesundheit, Tapferkeit, Beschreibung, Wagnis, Freundschaft, Eigentum, Polizistin.

1 **Bilde aus den Wortbestandteilen Nomen und schreibe sie mit ihren Artikeln auf.**

Bescheiden- | Beschäftig- | Geheim- | Lehrer-
Sicher- | Wachs- | Eitel- | Versteiger- | Irr-
Gleich- | Reich- | Ärtz- | Feind- | Beleidig-
Ergeb- | Dunkel- | Zeug- | Frech- | Krank-

\+

-heit | -keit | -schaft | -in | -tum | -ung | -nis

die Bescheidenheit,

2 **Forme die Adjektive und Verben mit Hilfe der Nomenendungen zu Nomen um. Schreibe die Nomen mit Artikel auf. Achte auf die Großschreibung.**

erfahren | schwierig | erzählen | gesund
führen | höflich | bereit | leisten | heiter

\+

-heit | -ung | -schaft | -keit

die Erfahrung,

Methode **Nomen/Substantive erkennen II – Auf Begleiter achten**

Nomen kannst du häufig **an ihren Begleitern erkennen.** Begleiter stehen immer vor ihren Nomen. Begleiter sind:

- **Artikel** (bestimmter/unbestimmter), z. B.: *der Mann, die Frau, das Kind / ein Mann, eine Frau, ein Kind.*
- **Adjektive,** z. B.: *das kleine Tier, das schöne Tier.*
- **Pronomen,** z. B.: *mein Tier, unser Tier, dieses Tier.*
- **Präpositionen,** z. B.: *bei Nacht, vor Sonnenaufgang, am Fell (= an dem Fell), im Fell (= in dem Fell).*

Wenn ein Nomen keinen Begleiter hat, kannst du mit der **Artikel- und Adjektivprobe** prüfen, ob es sich um ein Nomen handelt, z. B.: *Freundschaft – die alte Freundschaft, Luft – die gute Luft.*

3 **Unterstreiche im folgenden Text alle Satzanfänge blau, alle Nomen grün und alle Namen orange.**

Gassi gehen mit ungewöhnlichen Tieren

Habt ihr schon einmal gesehen, dass ein Tierbesitzer ein Kaninchen oder ein kleines Hausschwein für einen Ausflug an die Leine nimmt? Man kann sogar noch ungewöhnlicheren Tieren beim Spaziergang mit ihren Besitzern begegnen: Ein japanischer Herr geht täglich mit seiner Riesenschildkröte spazieren und sorgt so in Tokio für großes Aufsehen. Und die Australierin Vicky Lowing sieht man oft in Begleitung ihres Krokodils Johnie. Die beiden haben ein sehr gutes Verhältnis. Hunde laufen nicht braver an der Leine.

4 **Notiere in der Tabelle jeweils zwei Beispiele aus dem Text für Nomen mit ihren Begleitern.**

Artikel	Präposition (+ Artikel; im = in dem)	Pronomen	(Artikel) + **Adjektiv**

5 **Suche aus dem Text ein Nomen ohne Begleitwort heraus.**
Notiere es mit einem Artikel und einem Adjektiv als Begleiter (z. B.: das leckere Eis).

6 Im Gitterrätsel sind waagerecht und senkrecht neun Nomen versteckt.
Markiere sie und schreibe sie jeweils mit zwei Begleitwörtern auf.

auf dem Tisch, mein kleiner Hund,

T	I	S	C	H	D	R	G
A	E	P	B	U	C	H	E
N	R	I	M	N	E	U	F
F	R	E	U	D	E	W	Ü
N	S	L	E	T	L	I	H
O	F	A	H	R	T	N	L
N	E	R	T	G	M	D	O
P	I	Z	Z	A	F	O	L

7 Diese Nachricht soll fehlerfrei in der Tageszeitung erscheinen.
a Umkreise im Text alle Satzanfänge.
b Unterstreiche Namen und Nomen. Falls du unsicher bist, ob es sich um ein Nomen handelt, prüfe: Kannst du in Gedanken einen Artikel und ein Adjektiv vor das Nomen stellen?
c Schreibe die Meldung in der richtigen Groß- und Kleinschreibung in dein Heft.

Vorsicht Fehler!

Spaziergang mit Elefant

die gewaltige elefantendame maja trabt häufig durch die straßen von berlin. sie arbeitet im zirkus und wird von ihrem trainer täglich zu einer wiese geführt. der trainer hat nur einen kleinen elefantenstock bei sich, denn maja folgt ihm aufs wort. sie ist eben eine sehr kluge dame. für ein zootier ist beschäftigung außerdem sehr wichtig. maja empfindet den täglichen spaziergang als willkommene abwechslung von ihrem zirkusalltag. für die berliner ist die begegnung mit maja ein nettes erlebnis.

8 Schreibe aus dem Text die vier Nomen mit typischen Nomenendungen heraus.

Zeichensetzung

Komma bei Aufzählungen

Information **Das Komma bei Aufzählungen**

Aufzählungen können aus Wörtern und Wortgruppen bestehen. Sie werden **durch ein Komma getrennt,** z. B.: *Chamäleons fressen Insekten, kleine Vögel und manchmal auch ihre Artgenossen.*
Wenn die Aufzählungen durch die Konjunktionen *und, sowie, oder, entweder ... oder, sowohl ... als auch, weder ... noch* verbunden sind, entfällt das Komma, z. B.:
Chamäleons färben sich entweder zur Tarnung oder für die Partnersuche.

1 **a** **Unterstreiche in diesen Sätzen die Aufzählungen.**
b **Setze, wo nötig, die fehlenden Kommas.**
c **Markiere die Konjunktionen, vor denen kein Komma steht.**

Vorsicht Fehler!

Chamäleons – Rekordhalter im Farbenspiel

Wir Menschen werden schwarz vor Ärger, rot vor Wut oder gelb vor Neid. Aber das ist nichts im Vergleich zum Chamäleon: Es färbt sich je nach Anlass schwarz grau braun grün gelb rot türkis blau und sogar bunt. Die Farben dienen sowohl zum Anlocken eines Partners als auch zur Tarnung. Bei Gefahr nehmen sie z. B. die Farbe von Blättern Baumrinde oder Steinen an. Schuppen am Rücken Zacken am Kinn sowie eine Art Ritterhelm auf dem Kopf lassen die Tiere wie kleine Drachen aussehen.

2 **In diesen Sätzen ist die Kommasetzung ziemlich durcheinandergeraten. Verbessere mit einem roten Stift:**
a **Setze die fehlenden Kommas in den Aufzählungen.**
b **Streiche die falsch gesetzten Kommas durch.**

Vorsicht Fehler!

Kamele – Meister in der Vorratshaltung

Kamele gibt es sowohl mit einem Höcker, als auch mit zwei Höckern. Das Dromedar hat einen Höcker das Trampeltier zwei Höcker. Beide Kamelarten können auf ihren Wanderungen durch trockene Steppen Halbwüsten und Wüsten lange Zeit auf frisches Wasser, und neue Nahrung verzichten. Kamele sind nämlich Meister in der Vorratshaltung. Sie können Wasser und Nahrung sowohl in großer Menge aufnehmen, als auch speichern. Ihre Höcker dienen ihnen dabei sozusagen als Vorratsspeicher, oder Speisekammer. Der gespeicherte Fettvorrat versorgt sie mit der nötigen Kraft, und Energie für ihre Aufgaben als Reittiere, oder Lasttiere.

Zeichensetzung in der wörtlichen Rede

Information **Zeichensetzung in der wörtlichen Rede**

Die **wörtliche Rede** steht in **Anführungszeichen.** Die Zeichensetzung ändert sich, je nachdem, ob der Redebegleitsatz vor oder nach der wörtlichen Rede steht oder eingeschoben ist.

- Der **Redebegleitsatz vor der wörtlichen Rede** wird durch einen Doppelpunkt von der wörtlichen Rede abgetrennt, z. B.: *Tom erklärt: „Das schnellste Tier der Welt ist der Gepard.“*
- Der **Redebegleitsatz nach der wörtlichen Rede** wird durch ein Komma von der wörtlichen Rede abgetrennt, z. B.: *„Das schnellste Tier der Welt ist der Gepard“, erklärt Tom.*
- Der **eingeschobene Redebegleitsatz** wird durch zwei Kommas von der wörtlichen Rede abgetrennt, z. B.: *„Das schnellste Tier der Welt“, erklärt Tom, „ist der Gepard.“*

1 **Forme den Satz so um, dass der Redebegleitsatz einmal eingeschoben ist und einmal nach der wörtlichen Rede steht. Setze die Kommas und Anführungszeichen richtig. Arbeite in deinem Heft.**

Leon behauptet: „Tiere sind doch die besseren Sportler.“

2 **a Unterstreiche in diesen Sätzen die Redebegleitsätze.**
b Setze, wo nötig, einen Doppelpunkt.
c Setze die fehlenden Anführungszeichen.

Vorsicht Fehler!

Sind Tiere die besseren Sportler?

Der aktuelle Rekordhalter im Kurzstreckensprint erreicht eine Geschwindigkeit von fast 39 Stundenkilometern, erklärt Max. Das ist doch gar nichts, entgegnet Leon, ein Gepard bringt es auf eine Geschwindigkeit von 100 Stundenkilometern. Max denkt nach und behauptet Aber Menschen sind die besten Weitspringer. Der aktuelle Olympiasieger ist über acht Meter weit gesprungen. Ein Riesenkänguru kann aber über 13 Meter weit springen, wendet Leo ein, und ein Schneeleopard sogar 14 Meter. Da schüttelt Max den Kopf und sagt Okay, du hast gewonnen.

⊕ **3** **a Vervollständige die Redebegleitsätze mit treffenden Verben aus dem Wortfeld *sagen*.**
b Füge Satzzeichen bei der wörtlichen Rede ein.

Kennst du noch weitere tierische Rekorde? ____________ Max interessiert.

Leon ____________ Der schnellste Schwimmer ist der Fächerfisch. Er schwimmt bis zu 100 Stundenkilometer schnell. Der ist ja so schnell wie ein Auto ____________ Max. Und Wale können fast 3000 Meter tief tauchen und dabei über zwei Stunden unter Wasser bleiben ____________ Leon.

Großschreibung und Zeichensetzung

1 **Wie lauten diese Regeln? Ergänze. (4 Punkte)**

A Satzanfänge, Namen und Nomen werden ________________________________.

B Nomen erkennt man an ____.

2 **Hier ist alles kleingeschrieben. Unterstreiche alle Nomen und schreibe die Sätze richtig auf. (7 Punkte)**

heute halten menschen sich seltsame haustiere in ihren wohnungen. neben leguanen werden auch minischweine immer beliebter.

____

____

____

3 **Setze fehlende Kommas in den Aufzählungen und streiche falsch gesetzte Kommas durch. (7 Punkte)**

Vorsicht Fehler!

Tierische Rekorde

Wer hätte gedacht, dass sowohl Ameisen, als auch Libellen Rekorde halten? Ameisen können das Hundertfache ihres Körpergewichts tragen, z. B. Blätter Nüsse, oder kleine Stöckchen. Die Libelle jagt mit 50 Stundenkilometern Fliegen Mücken, und andere Beutetiere. Die beste Nase haben weder Hunde, noch Schweine, sondern Aale. Sie können sogar einen Tropfen Blut einen toten Fisch oder ein Stück Würfelzucker in einem riesigen See riechen.

4 **Setze die fehlenden Satzzeichen bei der wörtlichen Rede ein. (18 Punkte)**

Vorsicht Fehler!

Das faulste Tier der Welt

Tiere können einfach alles besser klagt Max. Mir fällt ein Tier ein, mit dem wir bestimmt mithalten können freut sich Leon nämlich das Faultier. Ach ja? fragt Max neugierig. Leon erklärt Es legt in der Minute höchstens fünf Meter zurück, aber nur wenn es sich beeilt. Das schaffe ich nie lacht Max.

Vergleiche deine Ergebnisse mit dem Lösungsheft. Für jede richtige Antwort bekommst du einen Punkt.

☺ 36–29 Punkte	😐 28–20 Punkte	☹ 19–0 Punkte
Gut gemacht!	Gar nicht schlecht, aber lies dir die Merkkästen auf den Seiten 84–88 noch einmal genau durch.	Arbeite die Seiten 84–88 noch einmal genau durch.

Ich teste meinen Lernstand

Wie kannst du mit der folgenden Einheit arbeiten?

1 Mit dem folgenden Test (▶ S. 90–95) kannst du prüfen, was du im Fach Deutsch schon alles gelernt hast. Du testest verschiedene Bereiche:
- das **Verstehen von Sachtexten und literarischen Texten** (Aufgaben Teil A „Texte verstehen"),
- **Grammatik** und **Rechtschreibung** (Aufgaben Teil B „Rechtschreibung" und Teil C „Grammatik") und
- das **Schreiben einer spannenden Erzählung** (Aufgaben Teil D „Spannend erzählen").

2 In dem Test begegnen dir verschiedene **Aufgabenarten,** z. B.: in einer Auswahl an möglichen Antworten die richtige ankreuzen, Informationen passend zuordnen, Kurzantworten geben, Lückentexte füllen oder eine Geschichte schreiben.
Tipp: Lies die Texte und die **Aufgabenstellungen** immer sehr aufmerksam und überlege, ob du **genau verstanden** hast, was verlangt wird, bevor du zum Beispiel vorschnell ankreuzt.

3 Du kannst deine Antworten mit Hilfe des Lösungsheftes selbst überprüfen und mit Hilfe der erreichten Punktzahl deinen **Lernstand bewerten.**

A Texte verstehen

Lies den Text über Füchse in der Stadt. Löse dann die Aufgaben auf den nächsten Seiten (▶ S. 91–92). Beachte: Bei Ankreuz-Aufgaben ist immer nur eine Lösung richtig.

Füchse in der Stadt

Die Scheinwerfer unserer Fahrräder huschen über die Markierung des Fahrradwegs. Es ist ein später Sommerabend in einer deutschen Großstadt. Im Licht der Lampen tauchen plötzlich blitzende Augen und ein rötliches Fell auf. Wir bremsen auf der Stelle. Fünf Meter vor uns steht ein wildes Tier – ein Fuchs. Der Rotpelz schaut uns neugierig an, senkt den Kopf, als ob er uns Guten Abend wünschen wollte, dann verschwindet er zwischen parkenden Autos.

Begegnungen mit scheinbar zahmen Füchsen gehören mittlerweile zum Alltag in deutschen Großstädten. Das Leben ist für die Allesfresser hier viel komfortabler und sicherer als auf dem Land. Überall ist der Tisch reich gedeckt. Ob Küchenabfälle, Futternäpfe für Haustiere, Ratten oder Tauben – in der Nachbarschaft des Menschen kommen die ehemaligen Waldbewohner viel leichter an eine Mahlzeit als in ihrem ursprünglichen Lebensraum. Und während auf dem Land stets die Büchse des Jägers droht, haben Stadtfüchse in den Menschen eher Freunde. Für die meisten Stadtbewohner ist es ein Erlebnis, das relativ große Raubtier bei seinen Streifzügen beobachten zu können.

Deshalb wundert es kaum, dass sich allein in Berlin mittlerweile bis zu 3000 Füchse angesiedelt haben. Das Zusammenleben von Mensch und Fuchs verläuft allerdings nicht immer ungestört. Manche Haus- und Gartenbesitzer berichten von zerwühlten Beeten und verschlepptem Kinderspielzeug. Vor einigen Jahren wurde sogar eine Frau nachts von einem zudringlichen Fuchs gebissen, als sie ihn im Schlaf von ihrer Bettdecke verscheuchen wollte. Der Biss stellte sich allerdings als harmlos heraus. Die Tollwut – eine auch für Menschen gefährliche Fuchsseuche – ist unter Stadtfüchsen schon seit über zwanzig Jahren ausgerottet.

Dennoch bleibt der Fuchs ein Wildtier, von dem man auch in der Stadt Abstand halten sollte. Stadtförster raten, die Tiere auf keinen Fall zu füttern und Nahrungsmittel nicht im Garten liegen zu lassen. Sonst könnten Füchse ihre Scheu vor Menschen ablegen und eine lästige Plage werden. Und niemand möchte letztlich, dass irgendwann ein Kleinkind von einem frechen Fuchs gebissen wird.

Aufgabe 1

Kreuze die richtige Antwort an. ☐ /1 Punkt

Bei dem Text handelt es sich um ...

A ☐ eine Warnung vor tollwütigen Füchsen in der Stadt.

B ☐ eine spannende Erzählung über einen wilden Fuchs in der Stadt.

C ☐ einen Sachtext über die Verbreitung wilder Füchse in der Stadt.

D ☐ einen Sachtext über die richtige Haltung wilder Füchse in der Stadt.

Aufgabe 2

Kreuze die richtige Antwort an. ☐ /1 Punkt

Füchse verlassen den Wald, weil ...

A ☐ sie dort von anderen Tieren bedroht werden.

B ☐ sie in der Stadt leichter Futter finden.

C ☐ sie Menschen angreifen wollen.

D ☐ es in Städten wärmer ist als im Wald.

Aufgabe 3

**Für den Fuchs / die Füchse werden im Text viele verschiedene Begriffe verwendet.
Kreuze an und notiere die Zeile: Welche fünf Begriffe findest du im Text?** ☐ /5 Punkte

☐ Rotpelz (Z. ___) ☐ Allesfresser (Z. ___) ☐ roter Vierbeiner (Z. ___) ☐ Räuber (Z. ___)

☐ Waldbewohner (Z. ___) ☐ Raubtier (Z. ___) ☐ Hühnerjäger (Z. ___) ☐ Wildtier (Z. ___)

Aufgabe 4

**Was bedeuten die Begriffe? Ordne die zutreffenden Worterklärungen zu.
Ziehe Verbindungslinien zwischen Wort und richtiger Erklärung.** ☐ /3 Punkte

	Erkundungsgänge, um die Gegend auszuforschen
Büchse des Jägers (► Z. 21)	Dreck, den wütende Füchse hinterlassen
Streifzüge[n] (► Z. 24)	Jagdgewehr
Fuchsseuche (► Z. 37)	Eisenbahnschienen, über die Füchse streifen
	Futterdose, mit der Jäger Wildtiere anlocken
	hoch ansteckende Krankheit bei Füchsen

Aufgabe 5

Erkläre: Warum sollte man Füchse in der Stadt nicht füttern? ☐ /1 Punkt

____

Aufgabe 6

Lies das Gedicht „Der kleine Fuchs". Kreuze dann die richtige Antwort an. ☐ /1 Punkt

Im Gedicht „Der kleine Fuchs" geht es um ...

A ☐ einen singenden Wald.

B ☐ glühende Tulpen mitten im Wald.

C ☐ einen lesenden Fuchs im nächtlichen Wald.

D ☐ singende Tiere im nächtlichen Wald.

Dirk Held: **Der kleine Fuchs**

Der kleine Fuchs will lesen,
so um die Mitternacht,
drum hat er sich aus Tulpen
ein Leselicht gemacht.

Es ist nicht still im Walde
und war's im Grunde nie,
der ganze Wald singt leise
die Waldnachtmelodie.

Es klingen Eul und Käuzchen
mal schön und mal verstimmt.
Und eine Seite raschelt,
wo Licht und Tulpe glimmt.

Aufgabe 7

Kreuze die richtige Antwort an. ☐ /1 Punkt

„Und eine Seite raschelt" (Vers 11) bedeutet, dass ...

A ☐ eine Seite des Waldes rauscht.

B ☐ die Bäume auf einer Seite des Waldes rascheln.

C ☐ Tiere in einer Hälfte des Waldes rascheln.

D ☐ der kleine Fuchs eine Seite in seinem Buch umblättert.

Aufgabe 8

Fülle die Lücken des folgenden Textes über das Gedicht mit passenden Wörtern: ☐ /10 Punkte

„Mitternacht" (Vers 2) • Gedicht • lesen • Lampe • märchenhafte • still • Klänge • „Waldnachtmelodie" (Vers 8) • Käuzchen • „glimmt" (Vers 12)

In dem ______________ „Der kleine Fuchs" gibt es eine ______________ Situation:

Ein Fuchs kann ______________ und eine Tulpe kann leuchten wie eine ______________.

Aber nicht nur der Fuchs ist wach, auch Eule und ______________ machen Geräusche.

So ist es im Wald nachts nicht ______________, sondern voller ______________.

In dem Gedicht reimen sich einige Wörter: Auf „gemacht" (Vers 4) reimt sich ______________,

auf „nie" (Vers 6) reimt sich ______________ und auf „verstimmt" (Vers 10)

reimt sich ______________.

B Rechtschreibung

Aufgabe 9

Im folgenden Text werden Sprichwörter und Redewendungen zum Fuchs erklärt. Der Text enthält aber noch zwölf Rechtschreibfehler. Streiche die falsch geschriebenen Wörter im Text durch und verbessere sie in der rechten Spalte.

☐ /12 Punkte

Vorsicht Fehler!

Es gibt viele sprichwörter und Redewendungen, in denen der Fuchs vorkomt. Man sagt zum beispiel: „Er ist schlau wie ein Fuchs!“ Das spielt auf die klugheit des Fuchses an. Wenn jemand sehr einfallsreich ist, nennt man ihn auch „Schlaufuchs“ oder „ausgefuchst“.

Wenn jemand aber sagt: „Du hast dem Fuchs den Hühnerstal anvertraut“, meint er, dass du dem Falschen vertraut hast. Denn der Fuchs frist Hühner. Man solte niemals einen Fuchs in die nähe von Hühnern lasen! Ist jemand „fuchsteufelswild“, so ist er wütend wie ein Fuchs, den man gefangen hat. Ein ort, an dem „sich Fuchs und hase Gute Nacht sagen“, ist weit abgelegen und einsam. Denn ursprünglich traf man den Fuchs nur im tiefen Walt, weit entfernt von der Stadt.

C Grammatik

Aufgabe 10

Fülle in die Lücken des folgenden Textanfangs die passenden Verben. Setze die Verben dabei in die Zeitform Präteritum.

☐ /8 Punkte

springen • fotografieren • fliegen • halten • beißen • liegen • brechen • beweisen

Vor einigen Jahrzehnten ______________ ein russischer Tierfotograf einen ungewöhnlichen Vorfall. Auf einem Acker ______________ ein Fuchs, der tot zu sein schien. Eine Krähe ______________ herbei, um sich ein Stück von dem Aas zu sichern. Sie wollte gerade dem toten Fuchs ein Auge auspicken, da ______________ dieser auf, ______________ zu und ______________ der überraschten Krähe das Genick. Biologen ______________ vorher Berichte über so ein schlaues Verhalten des Fuchses für ein Märchen. Die Bilder ______________ nun deren Richtigkeit.

Aufgabe 11

Hier findest du eine Fortsetzung des Textes von Seite 93. Setze in die Lücken die folgenden Nomen im richtigen Kasus ein. Manchmal gibt es mehrere richtige Möglichkeiten. Notiere dahinter, um welchen Kasus es sich jeweils handelt:
N = Nominativ, D = Dativ, A = Akkusativ, G = Genitiv. ☐ /5 Punkte

der Fuchs • die Klugheit • das Kaninchen • das Raubtier • die Beute

Die Wissenschaft hat tatsächlich ______________ ☐ des Fuchses bewiesen. Biologen haben bei ______________ ☐ beobachtet, dass es selbstständig Probleme lösen kann. So schubst der Fuchs eingerollte Igel ins Wasser. Die entrollen sich, um zu schwimmen. Und schon schnappt er zu. Sogar die Hinterlist ______________ ☐ ist wissenschaftlich belegt. Es gibt Berichte über Füchse, die sich zum Beispiel einem Kaninchen mit einem Trick nähern. Sie tollen wild herum und tun so, als ob sie spielen, ohne ______________ ☐ zu bemerken. Wiegt sich ______________ ☐ in Sicherheit, packt der Fuchs plötzlich zu.

Aufgabe 12

Bestimme die markierten Satzglieder im folgenden Textausschnitt.
Trage dazu die Nummern hinter den Satzgliedern an der richtigen Stelle in die Tabelle ein.
Achtung: Bei manchen Satzgliedern in der Tabelle musst du mehrere Nummern eintragen. ☐ /11 Punkte

Wegen seiner Intelligenz (1) kann sich der Fuchs an nahezu jede Umweltsituation anpassen und überall und zu jeder Zeit (2) sein Futter (3) finden. Deshalb hat er sich auf der ganzen Welt (4) ausgebreitet. Während andere Wildtiere und ihre Lebensräume (5) vom Menschen immer weiter zurückgedrängt werden, hat sich der Fuchs (6) an unsere Zivilisation angepasst. Das Tier hat nicht nur gelernt, in Sibirien (7) Lemminge zu überlisten oder in Asien Hühnerställe (8) zu plündern, sondern es kann auch in Köln sicher (9) dem Straßenverkehr (10) ausweichen. Der Ruf des Rotpelzes (11) besteht demnach völlig zu Recht: Er ist ein ausgefuchster Überlebenskünstler.

Satzglieder	Nummer	Satzglieder	Nummer
Subjekt	______	Adverbiale Bestimmung des Ortes	______
Dativobjekt	______	Adverbiale Bestimmung der Zeit	______
Akkusativobjekt	______	Adverbiale Bestimmung der Art und Weise	______
		Adverbiale Bestimmung des Grundes	______

D Spannend erzählen

Aufgabe 13

In der folgenden Geschichte fehlt ein Teil.
Lies den Anfang und das Ende der Geschichte und schreibe den spannenden Höhepunkt.
Bearbeite dazu die Teilaufgaben a bis d. ☐ / 20 Punkte

____

Auf meine Sommerferien bei Oma in der Stadt hatte ich mich lange gefreut. Aber wer hätte gedacht, dass ich in der ersten Nacht eine unheimliche Begegnung haben würde?

Mitten in der Nacht musste mich etwas aus tiefem Schlaf geweckt haben. Was war das? Ich schreckte hoch und wusste zuerst gar nicht, wo ich war. Die Leuchtanzeige des Weckers auf dem Nachttisch zeigte zwölf Uhr: Mitternacht! Von irgendwo aus der Wohnung hörte ich deutlich ein scharrendes Geräusch. Versammelten sich dort gerade die Geister der Toten? Ich lag starr vor Schreck in meinem Bett und lauschte. Das Scharren, Kratzen und Knistern wurde immer lauter. Was könnte das sein? Schließlich siegte meine Neugier und ich stieg vorsichtig aus dem Bett.

[…]

Ich lief mit klopfendem Herzen zum Küchenfenster und spähte hinaus. Im Schein der Straßenlaterne entdeckte ich einen rotpelzigen Vierbeiner. Ein Fuchs! Er wandte mir kurz den Kopf zu und ich sah etwas zwischen seinen Zähnen. Unser Frühstücksbrot! Mit solch einem wilden Räuber hatte ich in der Stadt nicht gerechnet. Erleichtert kroch ich ins Bett zurück. Bis ich wieder in tiefen Schlaf fiel, überlegte ich, was es wohl zum Frühstück geben würde.

a **Sieh dir die Bilder an und finde heraus, worum es im Höhepunkt der Geschichte geht. Achte auch auf Kleinigkeiten und auf den Gesichtsausdruck des Kindes. Was könnte es fühlen und denken?**

b **Lege im Heft einen Schreibplan an: Notiere zu jedem Bild Sätze. Nutze dazu den folgenden Wortspeicher:**

auf Zehenspitzen • über den dunklen Flur • Richtung Küche • unheimlicher Schatten • schwach erleuchtete Küchenwand • Was ging dort vor sich? • Was war das für ein …? • plötzlich • Herz schlug bis zum Hals • all seinen Mut zusammennehmen • eiskalt den Rücken herunterlaufen • mit dünner Stimme fragen • leises Knurren • etwas Dunkles • in der Dunkelheit verschwinden • halb geöffnete Küchenfenster • mit einem Zischen • auf einmal • im Nu • schlagartig

c **Schreibe mit Hilfe deiner Sätze den Höhepunkt der Geschichte in dein Heft.**

d **Überlege zum Schluss eine Überschrift und schreibe sie über die Einleitung der Geschichte.**

Deutschbuch

Gymnasium

Autoren- und Quellenverzeichnis

S. 26: Bote, Hermann: Eulenspiegel zieht aus. Aus: Sichtermann, Siegfried H. (Hrsg.): Till Eulenspiegel von Hermann Bote. Hrsg., in die Sprache unserer Zeit übertragen und mit Anmerkungen von Siegfried H. Sichtermann. Insel Verlag, Frankfurt am Main 1999. **S. 29:** Moser, Erwin: Gewitter. Aus: Gelberg, Hans Joachim (Hrsg.): Überall und neben dir. Gedichte für Kinder. Beltz & Gelberg Verlag, Weinheim/Basel 1986, S. 260. **S. 77:** Nöstlinger, Christine: Rechenaufgabe unter Tränen. Aus: Nöstlinger, Christine: Ein und Alles: Das große Hausbuch für die ganze Familie. G & G Verlagsgesellschaft mbH, Wien 2014. **S. 92:** Held, Dirk: Der kleine Fuchs. Aus: Held, Dirk: Traumfische. Selbstverlag, Ottobrunn 2015, S. 15. © Dirk Held.

Bildquellenverzeichnis

S. 16: stock.adobe.com / ECOView; **S. 17:** Colourbox.com; **S. 58:** Ferdinand Lutz / Reprodukt; **S. 59:** Wurmloch Verlag; **S. 90:** stock.adobe.com / Sarah Jorand; **S. 93:** stock.adobe.com / sduben

Redaktion: Christian Köpcke, Hamburg

Illustrationen:
Nils Fliegner, Hamburg: S. 63–87
Christiane Grauert, Milwaukee (USA): S. 4–15, 19–29, 95
Alexander von Knorre, Weimar: S. 30–55, 61

Umschlaggestaltung: Corinna Babylon und Jule Kienecker (Berlin) unter Verwendung eines Fotos von Shutterstock/ALMAGAMI und einer Illustration von Nils Fliegner (Hamburg)

Layoutkonzept: werkstatt für gebrauchsgrafik, Berlin
Technische Umsetzung: lernsatz.de

www.cornelsen.de

Alle Drucke dieser Auflage sind inhaltlich unverändert
und können im Unterricht nebeneinander verwendet werden.

© 2019 Cornelsen Verlag GmbH, Berlin

Das Werk und seine Teile sind urheberrechtlich geschützt.
Jede Nutzung in anderen als den gesetzlich zugelassenen Fällen bedarf der vorherigen schriftlichen Einwilligung des Verlages.
Hinweis zu §§ 60 a, 60 b UrhG: Weder das Werk noch seine Teile dürfen ohne eine solche Einwilligung an Schulen oder in Unterrichts- und Lehrmedien (§ 60 b Abs. 3 UrhG) vervielfältigt, insbesondere kopiert oder eingescannt, verbreitet oder in ein Netzwerk eingestellt oder sonst öffentlich zugänglich gemacht oder wiedergegeben werden.
Dies gilt auch für Intranets von Schulen.

Druck: H. Heenemann, Berlin

1. Auflage, 1. Druck 2019
Ausgabe ohne interaktive Übungen
978-3-06-200085-0

1. Auflage, 1. Druck 2019
Ausgabe mit interaktiven Übungen
978-3-06-200086-7

PEFC
PEFC/04-31-1156

PEFC zertifiziert
Dieses Produkt stammt aus nachhaltig bewirtschafteten Wäldern und kontrollierten Quellen.

www.pefc.de